Les Indices boursiers sur actions

Patrick TOPSACALIAN

ECONOMICA
49, rue Héricart, 75015 Paris

Les droits d'auteur ont été alloués à l'organisme « Action contre la Faim » et seront directement versés par l'éditeur.

INTRODUCTION

Les indices boursiers jouent des rôles variés et en constante évolution. Leur importance, depuis quelques années, n'a cessé de croître du fait de la mondialisation des économies : on les utilise pour déterminer la performance générale du marché ou d'un secteur d'activité particulier, ils jouent le rôle d'actifs financiers et sont, de ce fait, des supports de contrats d'options, de contrats à terme ou de swaps. Enfin, ils servent de référence à l'analyse de la volatilité.

– Dans leur rôle de mesure de la performance générale du marché ou de celle des titres, ils permettent de comparer, d'une part, le comportement relatif du rendement d'une action à celui du marché ou à celui d'un secteur d'activité correspondant, grâce aux indices sectoriels (indices boursiers qui concernent l'évolution d'un secteur d'activité économique et non plus le marché dans sa globalité) ; ils facilitent, d'autre part, la comparaison entre le comportement relatif d'un secteur d'activité et celui du marché en général ou par rapport à celui d'un autre secteur d'activité. Les indices boursiers sont donc les baromètres, plus ou moins fidèles, de l'économie dont ils restituent les évolutions. Aussi, ils sont très souvent considérés comme une référence pour l'évaluation des performances des différents gestionnaires de portefeuilles.

– Du fait des progrès des techniques boursières et des innovations financières, une seconde génération d'indice est apparue : les indices pouvant faire l'objet de transactions. Ils jouent ainsi le rôle d'actifs financiers et sont les supports, sur des marchés organisés, de contrats à terme et de contrats d'options, en permettant aux opérateurs d'intervenir directement (achat ou vente de contrats) sur le marché

dans son ensemble (par le biais des titres composant l'indice). Parallèlement, sur le marché de gré à gré, se développent des swaps d'indice.
– Enfin, ils servent très souvent de référence à l'analyse de la volatilité des titres, notamment dans le modèle d'équilibre des actifs financiers, où leur évolution sert de mesure à la rentabilité du marché « $R(m)$ », ce qui peut être, comme on l'analysera au chapitre I, fortement contesté dans la mesure où l'on assimile, à tort, indice de marché et indice diversifié.

De nombreuses études portant sur la fiabilité de l'utilisation des indices ont été réalisées et celle-ci a souvent été mise en doute. Les indices sont calculés par des méthodes diverses qui donnent des résultats parfois contradictoires. Dans tous les cas, on peut recenser deux grands types de critiques : les unes portent sur la représentativité de l'échantillon des valeurs retenues et du mode de calcul utilisé, les autres portent sur la nature des variables et la manière de les prendre en compte.

Les deux premiers chapitres de cet ouvrage s'articulent autour des problèmes de représentativité, de calcul et de pondération des indices tandis que le dernier décrit les principaux indices mondiaux et contrats sur indices.

• Après avoir défini l'indice boursier, le premier chapitre est consacré, dans une première partie, à l'échantillonnage, c'est-à-dire aux problèmes liés à la sélection des valeurs dont les cours serviront au calcul de l'indice et à la représentativité de cet échantillonnage. Il aborde, dans une deuxième partie, les problèmes liés au mode de calcul utilisé dans le cadre de la composition d'un indice, et plus particulièrement au calcul de l'indice mathématique et géométrique.

• Le deuxième chapitre est consacré à l'étude des différentes méthodes d'agrégation de l'indice : il traite notamment de la pondération par les capitalisations boursières (avec une étude particulière sur les indices de Laspeyres et de Paasche), de la pondération par les prix et de l'équipondération. Du fait d'événements dans la vie du titre (distribution de dividendes, augmentation de capital, offre publique d'achat ou d'échange, absorption), les indices peuvent subir des coupures aléatoires qui entraînent des évolutions anormales. La seconde partie de ce chapitre est consacrée à la prise en compte de ce type d'événement dans le calcul et la représentativité de l'indice.

• La plupart des indices boursiers utilisés actuellement dans le monde sont du type « pondérés par les capitalisations boursières ». Toutefois, il existe des exceptions importantes, le Dow Jones par exemple. Ainsi il est nécessaire d'être très prudent lorsque l'on veut comparer des indices entre eux. On présentera au chapitre III, dans une première partie, les principaux indices mondiaux par rapport à leurs modes de calcul : capitalisation boursière, pondération par les prix et enfin équipondération. Une attention particulière sera portée aux indices français publiés par la Société des Bourses Françaises (les indices de sociétés privées, trop nombreux, ne seront pas étudiés).

Certains indices jouent le rôle d'actif sur des marchés organisés comme les contrats à terme ou les options sur indice, et sur des marchés de gré à gré tels que les swaps sur indice. La deuxième partie de ce chapitre abordera les marchés et l'utilisation des contrats à terme sur indice. La troisième partie sera consacrée aux marchés d'options sur indice. Enfin, la quatrième partie abordera un marché particulier, celui des swaps sur indice.

CHAPITRE I

Représentativité, risque d'échantillonnage et mode de calcul

Un indice est défini comme un rapport qui montre l'évolution entre deux grandeurs (quantité ou prix). Un indice boursier mesure l'évolution dans le temps, de la performance du marché boursier, de l'un de ses compartiments, d'un secteur d'activité particulier ou d'un portefeuille échantillonné. Les principales places financières mondiales ont mis en place un système de publication qui résume donc, par un ou plusieurs indices, la performance particulière d'une place.

On a tendance à penser que la construction de ces différents indices répond à des règles statistiques bien précises qui permettraient de pouvoir les comparer entre eux. En réalité, l'homogénéité des différentes publications en matière d'indice est quasiment inexistante. Une récente étude[1] a mis en évidence la non transparence des marchés dans leurs différentes publications, notamment en ce qui concerne :
– *les volumes de transactions*, où certaines bourses ne comptabilisent que les valeurs qui passent à travers leur système électronique de négociation ou leur parquet, tandis que d'autres comptabilisent toutes les transactions réalisées par leurs membres, en incluant les transactions faites sur les marchés étrangers et quelquefois les transactions faites sur des valeurs non cotées. Certaines places, par ailleurs, comptabilisent les opérations de vente de titres mais aussi les opérations d'achat correspondantes, alors que d'autres places ne prennent en compte que les opérations de ventes ;

---

1. M. Harrison, 1994, Rapport de la « Fédération Internationale des Bourses de Valeurs » *in*, « Statistiques boursières : des standards mondiaux s'imposent », *Les Échos*, 13 et 14 janvier 1995.

– *l'agrégation* des indices, où, sur certaines places, on publie des indices qui sont pondérés par les capitalisations boursières mais aussi par les prix, tandis que certains autres sont équipondérés.

Il y a donc, comme on le voit notamment au travers du tableau 1, nécessité d'harmonisation.

1. Échantillonnage et représentativité

Les principaux indices se distinguent par le choix des *valeurs retenues ou échantillonnage,* par *leur représentativité, le mode de calcul utilisé* pour les calculer et enfin le mode d'*agrégation* des cours des actions sélectionnées. Ce dernier aspect fera l'objet d'une étude isolée dans le cadre du chapitre II.

1.1. Le choix des valeurs retenues : l'échantillonnage

On entend par échantillonnage la sélection de valeurs dont les cours serviront au calcul de l'indice.

On utilise généralement deux méthodes : soit on considère toutes les valeurs de la cote du marché en question, il s'agit alors d'un indice exhaustif, soit on sélectionne un échantillon représentatif des valeurs du marché. Dans ce cas, l'échantillon est censé rendre compte du comportement de l'ensemble de la cote.

On adapte en général l'échantillon pour prendre en compte les modifications structurelles du marché, les fluctuations d'activité ou les opérations affectant la capitalisation. On évite ainsi que l'indice ne perde de sa signification avec le temps. Bien entendu, cette remise en cause périodique pose souvent des problèmes de continuité des mesures mais cela semble inévitable.

Le nombre et le choix des valeurs retenues sont importants et dépendent du rôle assigné à l'indice.

• S'il a pour vocation d'indiquer l'évolution instantanée du marché, il doit être calculé par une méthode simple, sur un échantillon assez restreint comprenant les valeurs les plus animées de la place et donc les plus représentatives de la tendance instantanée de celle-ci. Ainsi en est-il du CAC 40 en France, du FT 30 au Royaume-Uni, du BEL 20 en Belgique, etc.

TABLEAU 1

Variation des principaux indices mondiaux

Nom des principaux indices sur action par pays	Variation de l'indice en 1994 en %	Variation de l'indice en 1995 (10.08.95) en %
France		
– CAC 40	– 16,49	+ 3,62
– SBF 120	– 18,22	+ 3,29
– SBF 250	– 16,96	+ 2,35
– MIDCAC		– 2,51
États-Unis		
– Dow Jones industrials	+ 2,14	+ 21,85
– Dow Jones transportation	– 18,52	+ 28,67
– Dow Jones utilities	– 20,92	+ 11,62
– Standard and Poor's	– 1,27	+ 21,92
– Stock Exchange	– 3,09	+ 19,68
– NASDAQ Composite		+ 33,52
Japon		
– Nikkei 225	+ 13,41	– 15,18
– Nikkei 300		– 12,54
– Topix	+ 7,99	– 13,72
Autres places (hors Europe)		
– Hang Seng (Hong Kong)	– 31,06	+ 11,62
– Composite (Toronto-Canada)	– 3,12	+ 9,34
– General (Australie-Sydney)	– 11,08	+ 11,82
– Industrielles (Afrique du Sud-Johannesburg)	+ 25,2	+ 0,68
– Strait times (Singapour)	– 7,53	– 6,26
Europe		
– Dax (Allemagne)	– 8,37	+ 5,32
– Commerzbank	– 8,22	+ 4,39
– FAZ	– 7,83	+ 3,93
– FT 30	– 7,83	
– FT-SE 100 (Angleterre)	– 10,32	+ 13,35
– BEL 20 (Belgique)	– 5,67	+ 6,07
– Général	– 3,9	+ 8,61
– General (Madrid-Espagne)	– 13,15	+ 10,67
– IBEX 35 (Madrid)	– 16,02	+ 12,75
– MIBTEL (Italie)	– 7,69	+ 3,44
– BCI	+ 0,89	+ 3,79
– Swiss Market (Suisse)	– 11,12	+ 6,61
– SBS	– 8,32	+ 6,49
– Affarsvalden (Suède)	+ 4,08	+ 14,2
– Traded Index (Autriche)		– 3,12

Source : La Tribune Desfossés, des 31.12.1994 et 11 et 12.08.1995.

• Si l'indice a une vocation d'analyse et s'il doit permettre de dégager des statistiques précises sur des tendances à moyen ou long terme, l'échantillon doit être relativement large et soigneusement étudié sous l'angle économique et sectoriel. C'est le cas du SBF 250, du Nikkei 300, du Standard and Poor's, etc. On peut toutefois noter que le Nikkei 225 ne peut prétendre représenter le marché et l'économie japonaise dans la mesure où de très importantes entreprises en sont absentes (Toshiba, Shimizu...).

À titre d'exemple, tableau 2, on peut comparer la répartition sectorielle et la représentativité des principaux indices français publiés par la SBF et étudiés au chapitre III :

TABLEAU 2

Répartition et représentativité des indices publiés par la SBF

Secteurs	CAC 40	SBF 120	SBF 250	MIDCAC
Énergie	12,18 %	9,29 %	7,93 %	1,22 %
Produits de base	6,32 %	4,93 %	5,17 %	10,85 %
Construction	6,72 %	7,42 %	6,65 %	1,63 %
Biens d'équipement	8,61 %	8,57 %	8,53 %	19,71 %
Automobile	7,02 %	6,60 %	5,91 %	10,12 %
Autres biens de consommation	7,47 %	10,61 %	10,40 %	21,36 %
Industrie agro-alimentaire	11,84 %	10,24 %	9,22 %	2,53 %
Distribution	7,63 %	8,29 %	8,13 %	12,34 %
Autres services	10,54 %	10,64 %	10,67 %	20,23 %
Immobilier	0 %	0,75 %	2,8 %	0 %
Services financiers	21 %	19,42 %	17,44 %	0 %
Sociétés d'investissement	0,66 %	3,25 %	7,16 %	0 %

Source : MIDCAC 95, Ferri, Continental Partners, page 6.

On constate, à l'analyse de la structure de ces différents indices français, que :

– le CAC 40 mesure la performance d'un portefeuille diversifié, dans lequel les sociétés immobilières et d'investissement ne seraient pas ou peu représentées. Il est formé des principales actions françaises, car la détermination de

la composition de l'échantillon répond à un critère de taille et aux critères de liquidité.
On sait par ailleurs que cet indice peut être manipulé car il est trop sensible aux prises de position des investisseurs étrangers (du fait notamment de sa très forte relation avec l'évolution du dollar américain) et aux opérations d'arbitrages. Il est intéressant de relier la structure du CAC 40 avec le poids économique de chaque secteur. On constate alors que les services financiers qui représentent 21 % du CAC 40 n'ont un poids économique que de 5 % (dans le PIB) ;
– le SBF 120, moins sensible aux prises de positions des investisseurs étrangers, est mieux représenté que le CAC 40 dans le secteur « autres biens de consommation » et moins bien représenté en « services financiers », en « énergie » et en « produits de base ».
La liquidité est la principale différence entre le CAC 40 et le SBF 120 : les volumes de transactions journaliers sont deux fois moins importants pour le SBF que pour le CAC et le flottant (fraction du capital d'une société détenue par le public) moyen beaucoup plus faible ;
– le SBF 250 est censé être représentatif de l'ensemble de l'économie française puisqu'il s'appuie sur une nomenclature sectorielle composée autour de 12 secteurs d'activité. Il a pour vocation de mesurer l'évolution globale du marché. Toutefois, il ne faut pas perdre de vue qu'il n'est pas certain que les entreprises cotées soient représentatives de l'ensemble des entreprises existantes ;
– le MIDCAC se caractérise par une faible représentation du secteur agro-alimentaire, l'absence de sociétés des secteurs financier et immobilier et la très forte représentation des autres secteurs.

1.2. La représentativité de l'échantillonnage

Le choix des titres répond donc au double impératif de la représentativité sectorielle et économique, et de la représentativité financière et boursière. Celle-ci est mesurée par la capitalisation boursière (produit du nombre de titres par leur cours boursier), le flottant (partie du capital de la société susceptible de participer effectivement aux transactions) et le volume des transactions.

Ainsi, par exemple, dans sa sélection de l'échantillonnage des valeurs du SBF 250, l'objectif du conseil scientifique a été la représentativité en capitalisation boursière de chacun des 12 secteurs économiques. Pour ajuster cette représentativité, tous les ans, les valeurs sont classées par capitalisation boursière décroissante dans chacun des 12 secteurs. L'échantillonnage est ensuite opéré de façon à ce que tous les secteurs aient un même niveau de représentativité. Cette modification (éventuelle) de l'échantillonnage n'est réalisée qu'une fois par an et ce, afin de maintenir la stabilité de l'indice. Par contre, tous les trimestres sont remplacées les valeurs radiées ou absorbées, par la valeur suivante dans le même secteur d'activité économique.

De la même façon, comme on peut le voir à l'analyse du tableau 2, le CAC 40, bien qu'il ne contienne qu'un faible nombre d'actions (40), mesure la performance d'un portefeuille diversifié qui serait formé des principales actions françaises. En effet, la détermination de la composition de l'échantillon répond à un critère de taille (les valeurs éligibles figurent parmi les 100 premières capitalisations boursières du marché au règlement mensuel (*RM*)) et aux critères de liquidité, caractérisés par un flottant suffisamment large (autour de 65 %). Les valeurs sont également sélectionnées de manière à obtenir une bonne représentation de l'activité économique, telle que la décrit la cote officielle, et pour assurer leur présence dans le plus grand nombre de portefeuilles institutionnels ou privés. Elles ont, par ailleurs, un volume de transactions effectuées représentant plus de 60 % des transactions sur l'ensemble des actions françaises.

Un indice boursier avec un nombre d'actions restreint peut également être construit de manière à suivre les performances d'un segment particulier du marché. Parmi les publications d'indices sectoriels, on trouve, par exemple, publiés par la société Dow Jones aux États-Unis, un indice des valeurs industrielles (30 sociétés industrielles), un indice des sociétés de transport (composé de 20 actions), un indice des sociétés de services (15 actions) et un indice des valeurs financières.

De la même façon, on peut échantillonner l'indice de sorte que l'on y trouve les actions des entreprises à faible capitalisation boursière plutôt que celles des entreprises à forte capitalisation boursière (l'indice S & P 500 et l'indice composite du NYSE mesurent respectivement l'évolution des actions des cinq cents plus grandes entreprises américaines et l'évolution des actions négociées sur le New York Stock Exchange), les actions négociées de gré à gré plutôt que celles cotées sur un marché organisé. En effet, on peut se poser la question de savoir si les indices avec un échantillonnage très large sont conçus de manière à reproduire l'évolution réelle du marché, dans le mesure où ils négligent les faibles capitalisations boursières.

1.3. De l'indice de marché à l'indice diversifié

On a pu, progressivement, constater une substitution entre, d'une part, un indice de marché et, d'autre part, un indice diversifié[1]. Ces deux indices sont-ils identiques ?

C'est à Sharpe que l'on doit la définition de l'indice de marché. Partant du fait que toutes les valeurs ont une corrélation significative avec le marché, il a proposé une simplification qui consiste à remplacer le calcul de la covariance entre le rendement d'une valeur et le rendement des autres valeurs dans le portefeuille, par le calcul de la relation existante entre le rendement de la valeur et celui du marché.

D'une manière empirique, il a montré que le rendement d'une valeur pouvait s'exprimer ainsi :

$$R_i = a_i + b_i I + c_i$$

où :

- R_i est le taux de rendement de la valeur *i*,
- a_i et b_i sont des paramètres,
- c_i est une variable aléatoire d'espérance mathématique nulle,
- I est le taux de rendement d'un indice *représentatif du marché boursier* (l'indice de marché).

Le modèle proposé, qui pose une relation entre les rendements des titres cotés et un indice synthétique mesurant l'évolution d'un facteur boursier, s'est, en fait, avéré efficace pour analyser le risque d'une valeur. Toutefois, Sharpe a mentionné qu'il posait l'hypothèse qu'un tel indice existait et qu'il devrait être capable d'appréhender le risque systématique auquel s'expose tout investisseur qui opère sur le marché. Toutefois, le modèle, par sa construction, pose cet indice comme non observable. Il implique également qu'il ne puisse être un indice diversifié. Bien

1. Le lecteur pourra se référer aux articles de P. Gobry, « Marchés à terme : le malentendu de l'indice », *MTF* n° 5 et 6.

qu'il explique le comportement des actifs financiers, il n'est pas lui-même expliqué. On fait donc l'hypothèse qu'il existe mais il n'est défini nulle part dans le modèle, dont la logique ne dépend pas de sa définition. Il s'agit d'un facteur explicatif latent.

Les indices diversifiés sont, avant tout, le reflet, si possible neutre, de la bourse : ils sont quelquefois appelés indice de première génération dans la mesure où ils ont comme objectif de retracer le plus fidèlement non seulement la Cote Officielle mais également sa structure.

De ce fait, ils ne sont pas des indices représentatifs mais des indices représentant le marché. Quelquefois, ils peuvent conjuguer ces deux aspects : c'est le cas du SBF 120, qui est jugé comme étant représentatif du tissu économique français et qui n'est autre qu'un indice diversifié, représentant le marché des valeurs, et comprenant des actions choisies parmi les secteurs d'activité économique, de manière proportionnelle à l'importance de ceux-ci dans l'activité nationale.

Un indice de marché n'a pas comme objectif de rendre compte du comportement de l'ensemble de la cote, mais du risque global de la bourse dit « risque de marché ». De ce fait, un indice objet de marché devrait toujours être un « indice de marché » plutôt qu'un indice diversifié. Il y a souvent confusion entre ces deux objectifs car on constate toutefois que certains indices diversifiés, comme le CAC 40 par exemple, font l'objet de négociations et sont pris comme référence dans le modèle de marché. L'indice de marché est théoriquement un indice représentatif du risque de marché d'une place, par agrégation d'un maximum d'informations sur le comportement du marché concerné, un indice échantillonné des meilleures actions de la place, considéré comme le plus représentatif de ce qu'il y a de meilleur sur le marché même (le S & P 100, par exemple).

L'échantillonnage est donc un premier critère de représentativité des indices boursiers mondiaux, selon qu'il reflète de manière plus ou moins fidèle le *risque du marché,* ou la performance de l'économie nationale.

1.4. La cotation d'un indice boursier

Qu'ils fassent l'objet de marchés, particularité qu'ils ne partagent avec aucun autre indice économique, ou non, les indices boursiers font l'objet d'un calcul de cours, comme le montre la colonne « valeur » du tableau 3.

TABLEAU 3

Valeurs des principaux indices mondiaux

Nom des principaux indices sur action par pays	Variation de l'indice en 1994 en %	Valeur de l'indice au 10.08.95	Variation de l'indice en 1995 (10.08.95) en %
France			
– CAC 40	– 16,49	1 949,22	+ 3,62
– SBF 120	– 18,22	1 329,35	+ 3,29
– SBF 250	– 16,96	1 280,06	+ 2,35
– MIDCAC		1 170,96	– 2,51
États-Unis			
– Dow Jones industrials	+ 2,14	4 672,19	+ 21,85
– Dow Jones transportation	– 18,52	1 872,25	+ 28,67
– Dow Jones utilities	– 20,92	202,61	+ 11,62
– Standard and Poor's	– 1,27	559,94	+ 21,92
– Stock Exchange	– 3,09	300,33	+ 19,68
– NASDAQ Composite		1 004,01	+ 33,52
Japon			
– Nikkei 225	+ 13,41	16 728,97	– 15,18
– Nikkei 300		251,17	– 12,54
– Topix	+ 7,99	1 345,11	– 13,72
Autres places (hors Europe)			
– Hang Seng (Hong Kong)	– 31,06	9 142,55	+ 11,62
– Composite (Toronto-Canada)	– 3,12	4 607	+ 9,34
– General (Australie-Sydney)	– 11,08	2 138,8	+ 11,82
– Industrielles (Afrique du Sud-Johannesburg)	+ 25,2	7 032	+ 0,68
– Strait times (Singapour)	– 7,53	2 099,37	– 6,26
Europe			
– Dax (Allemagne)	– 8,37	2 218,72	+ 5,32
– Commerzbank	– 8,22	2 339,4	+ 4,39
– FAZ	– 7,83	815,28	+ 3,93
– FT 30	– 7,83		
– FT-SE 100 (Angleterre)	– 10,32	3 474,7	+ 13,35
– BEL 20 (Belgique)	– 5,67	1 473,98	+ 6,07
– Général	– 3,9	7 872,61	+ 8,61
– General (Madrid-Espagne)	– 13,15	315,42	+ 10,67
– IBEX 35 (Madrid)	– 16,02	3 481,32	+ 12,75
– MIBTEL (Italie)	– 7,69	10 542	+ 3,44
– BCI	+ 0,89	656,46	+ 3,79
– Swiss Market (Suisse)	– 11,12	2 802,6	+ 6,61
– SBS	– 8,32	988,6	+ 6,49
– Affarsvalden (Suède)	+ 4,08	1 679,7	+ 14,2
– Traded Index (Autriche)		1 026,36	– 3,12

Source : La Tribune Desfossés, des 31.12.1994 et 11 et 12.08.1995.

Du fait de la possibilité d'intervenir sur certains marchés d'indices, les indices boursiers devraient, comme tout actif sous-jacent, faire l'objet d'une procédure de cotation : il n'en est rien. La valeur d'un indice boursier n'est pas dû à la confrontation de l'offre et de la demande sur l'indice, mais de celle des cours des actions qui sont retenues dans l'indice. Comme on l'analysera dans le chapitre II, un indice est une agrégation du cours des actions sélectionnées dans l'échantillon. L'indice représente donc une agrégation arbitraire de titres échantillonnants dont les cours sont le résultat de la confrontation de l'offre et de la demande. Sa valeur ne peut théoriquement pas faire l'objet d'un marché puisqu'elle ne dépend pas de la confrontation d'une offre et d'une demande.

La cotation d'un indice au comptant n'est en fait que l'affichage d'une valeur communiquée à tout instant (cas d'un indice continu) et issue d'un calcul mathématique.

En France, la SBF fait la nuance entre les indices continus et les indices discontinus. Les premiers sont publiés toutes les 30 secondes tandis que les derniers sont calculés sur la base des cours d'ouverture et de clôture.

Le tableau 4 décrit succinctement la procédure de cotation au comptant utilisée en France sur les indices continus.

Les indices discontinus sont, quant à eux, calculés et diffusés deux fois (à l'ouverture et à la clôture), en fonction de deux paramètres :
– un top horaire, qui a lieu normalement vers 11 h 40 pour les indices SBF 250 et MIDCAC. Ce top horaire n'est pas rigide et peut être décalé en cours de séance ;
– un seuil de représentativité, qui est fixé à 65 %, comme pour les indices cotés en continu.

Si ce seuil n'est pas atteint, un éclaireur est diffusé à la place de l'indice.

Plus la valeur de l'indice reflète fidèlement, dans sa méthode d'agrégation, la confrontation de l'offre et de la demande des titres échantillonnants, plus il a de sens économique et plus il fait preuve de robustesse statistique. En aucun cas, un indice au comptant ne fait l'objet d'un marché, à la différence de la valeur de l'indice à terme. Ainsi on emploie à tort le concept de « cotation d'indice ».

TABLEAU 4

Cotation au comptant d'un indice continu à la Bourse de Paris

Avant l'ouverture des marchés : 8 h 30-10 h : Estimation d'un éclaireur	Ce dernier est composé de : – la variation de la capitalisation des seules valeurs ayant un cours théorique à l'instant *t* par rapport à leur capitalisation dans l'indice de référence (exprimée en pourcentage), – le nombre de valeurs cotées à l'instant *t*, – le poids des valeurs cotées, c'est-à-dire la part de capitalisation des valeurs cotées à l'instant *t* par rapport à la capitalisation de l'indice de référence.
À l'ouverture des marchés **Premier niveau d'indice instantané** **Indice d'ouverture** diffusé en même temps que le premier niveau d'indice instantané. **Second indice d'ouverture**	Le calcul de l'indice se substitue au calcul de l'éclaireur lorsque toutes les valeurs de l'échantillon sont actives (cotées, réservées ou suspendues). Calculé à partir des cours d'ouverture des valeurs cotées et des cours de référence veille ou des cours estimés pour les valeurs réservées ou suspendues. Diffusé dès la reprise de cotation de l'ensemble des valeurs réservées.
En cours de séance	L'éclaireur peut se substituer à l'indice lorsque plus de 35 % de la capitalisation boursière de l'échantillon n'est plus susceptible d'être coté. Dès que le poids des valeurs cotées est supérieur à 65 %, un premier niveau d'indice est diffusé après un délai de 5 minutes.
Après la clôture (17 h 15)	L'indice d'ouverture de référence est recalculé prenant en compte tous les cours d'ouverture cotés reçus jusqu'à la fin de la séance. L'indice de clôture de référence est calculé et diffusé en prenant en compte les cours de clôture.

Source : Les indices de la Bourse de Paris, Méthodologie et gestion. SBF, 1995.

2. Le mode de calcul proprement dit

On traitera ici des principales caractéristiques d'un bon indice avant d'aborder les deux principaux modes de calcul que l'on peut trouver : l'indice mathématique et l'indice géométrique. Une comparaison sera ensuite réalisée à partir de ces deux approches. Le développement concernant certains calculs d'indices de prix, l'indice de Laspeyres et l'indice de Paasche, seront abordés au chapitre II, dans le cadre de la pondération des indices.

2.1. Les principales caractéristiques mathématiques d'un bon indice

Un bon indice boursier doit répondre aux quatre caractéristiques suivantes : son identité, sa réversibilité, sa transférabilité et son homogénéité.

• *L'identité* se caractérise par la relation [1-1] suivante : $I_{0/0} = 1$.

• La *réversibilité* (entre deux situations) satisfait la relation [1-2] suivante : $I_{1/0} \times I_{0/1} = 1$.

Cette condition n'est satisfaite que si l'indice synthétique est une moyenne géométrique d'indices simples.

Si l'indice synthétique, agrégeant 3 indices élémentaires i, i', et i'', est calculé en moyenne arithmétique, $I_{1/0} = \frac{1}{3}\left[i_{1/0} + i'_{1/0} + i''_{1/0}\right]$, l'indice $I_{0/1}$ est une moyenne harmonique d'indices simples [1-3] :

$$I_{0/1} = \frac{1}{3}\left[i_{0/1} + i'_{0/1} + i''_{0/1}\right] = \frac{1}{3}\left[\frac{1}{i_{1/0}} + \frac{1}{i'_{1/0}} + \frac{1}{i''_{1/0}}\right]$$

Il est important de noter ici que la moyenne harmonique n'est pas l'inverse de la moyenne arithmétique.

Le calcul en moyenne géométrique permet de réaliser la condition de réversibilité [1-4] suivante :

$$I_{0/1} = \sqrt[3]{i_{0/1} \times i'_{0/1} \times i''_{0/1}} = \sqrt[3]{\frac{1}{i_{1/0} \times i'_{1/0} \times i''_{1/0}}} = \frac{1}{I_{1/0}}$$

• La *transférabilité* suppose [1-5] que : $I_{2/0} = I_{2/1} \times I_{1/0}$.

Cette condition est vérifiée si la moyenne des indices simples est géométrique.

Exemple :

Supposons que trois titres, ayant la même quantité d'actions en circulation, entrent dans la composition d'un indice et que leurs valeurs soient les suivantes aux périodes $t0$, $t1$ et $t2$:

TABLEAU 5

Composition des titres de l'indice

Titre	Nb de titres en $t0$	Cours $t0$	Cours $t1$	Cours $t2$
A	100 000	100	101	105
B	100 000	125	115	106
C	100 000	75	70	73

Si le calcul d'un indice agrégé utilise la moyenne arithmétique on devrait pouvoir écrire [1-6] :

$$\frac{1}{3}\left[\frac{105}{100}+\frac{84,8}{100}+\frac{97,33}{100}\right]=\frac{1}{3}\left[\frac{101}{100}+\frac{92}{100}+\frac{93,33}{100}\right]$$
$$\times\frac{1}{3}\left[\frac{103,96}{100}+\frac{92,17}{100}+\frac{104,28}{100}\right]$$

On constate toutefois qu'il n'y a pas égalité entre les deux termes. On trouve en effet 95,7 contre 95,57. La condition de transférabilité [1-5] n'est pas vérifiée.

L'utilisation d'une moyenne géométrique permet de vérifier cette condition [1-7] :

$$\sqrt[3]{\frac{105}{100}\times\frac{84,8}{100}\times\frac{97,33}{100}}=95,34=\sqrt[3]{\frac{101}{100}\times\frac{92}{100}\times\frac{93,33}{100}}$$
$$\times\sqrt[3]{\frac{103,96}{100}\times\frac{92,17}{100}\times\frac{104,28}{100}}=95,34$$

- *L'homogénéité.*

L'indice ne doit pas dépendre des unités que l'on utilise pour évaluer les quantités intervenant dans la pondération.

2.2. *L'indice arithmétique*

La grande majorité des indices est calculée à l'aide d'une moyenne arithmétique dont la définition générale peut se résumer ainsi :

$$I(t) = \left(\sum_n C_i(t) \Big/ \sum_n C_i(0) \right) \times B \qquad [1\text{-}8]$$

avec :
– B, représentant la base de référence à $t = 0$, (elle est souvent égale à 100 ou 1000),
– $C_i(0)$, la capitalisation boursière du titre i calculée à $t = 0$,
– $C_i(t)$, la capitalisation boursière du titre i calculée à l'instant t.

Exemple :

Si l'on reprend l'exemple du tableau 5, avec un indice

TABLEAU 6

Composition des titres de l'indice

Titre	Nb de titres en *t*0	Cours *t*0	Cours *t*1	Cours *t*2
A	100 000	100	101	105
B	100 000	125	115	106
C	100 000	75	70	73

composé de trois titres ayant la même quantité d'actions en circulation, et que leurs valeurs soient les suivantes aux périodes *t*0, *t*1 et *t*2 :

Si le calcul d'un indice agrégé utilise la moyenne arithmétique [1-8], on va pouvoir écrire [1-9] :

indice en *t*0 = 100,

$$\text{indice en } t1 = \frac{(100\ 000 \times 101) + (100\ 000 \times 115) + (100\ 000 \times 70)}{(100\ 000 \times 100) + (100\ 000 \times 125) + (100\ 000 \times 75)} \times 100 = 95,33$$

Ainsi, l'indice est-il passé de 100 en *t*0 à 95,33 en *t*1. De la même façon, on peut calculer l'évolution de l'indice en *t*2 :

$$\text{indice en } t2 = \frac{(100\ 000 \times 105) + (100\ 000 \times 106) + (100\ 000 \times 73)}{(100\ 000 \times 100) + (100\ 000 \times 125) + (100\ 000 \times 75)} \times 100 = 94,66 \qquad [1-10]$$

Ainsi, entre *t*0 et *t*2, l'indice, calculé à partir d'une moyenne arithmétique, est passé de 100 à 94,66.

2.3. L'indice géométrique

Certains indices son calculés à partir d'une moyenne géométrique, dont la formule est la suivante :

$$I_{(t)} = \prod \left(V_i(t) / V_i(0)\right)^{1/n} \times B \qquad [1\text{-}11]$$

avec :
– n, le nombre de sociétés prises en compte dans l'échantillon,
– $V_i(0)$, la valeur du titre i calculée à $t = 0$,
– $V_i(t)$, la valeur du titre calculée à l'instant t,
– B représentant la base de référence à $t = 0$, (elle est souvent égale à 100 ou 1000).

Exemple :

En reprenant les données ci dessus, et en raisonnant sur la période $t0$, $t1$, on aura :

indice $t0 = 100$,

$$\text{indice } t1 = \frac{\sqrt[3]{(101)(115)(70)}}{\sqrt[3]{(100)(125)(75)}} \times 100 = 95{,}36. \qquad [1\text{-}12]$$

À partir des mêmes données que pour le calcul de l'indice calculé à l'aide d'une moyenne arithmétique, on aura un indice géométrique qui passera de $t0$ à $t1$ de 100 à 95,36, tandis que sur la même période le calcul arithmétique donne une évolution de l'indice de 100 à 95,33. Sur la période $t0$, $t2$, les résultats donnent un indice passant de 100 à 94,66 pour l'indice arithmétique, et de 100 à 95,34 pour l'indice géométrique.

L'indice géométrique s'apparente, en fait, à un indice équipondéré dans la mesure où il ne prend pas en compte les capitalisations boursières. Ce type d'indice est souvent retenu aux États-Unis pour apprécier la performance des fonds spécialisés qui ne contiennent que des sociétés à faible capitalisation boursière.

2.4. Les écarts de valorisation entre un indice géométrique et arithmétique

Du point de vue de la gestion de portefeuille, ces deux moyennes correspondent à des politiques différentes : Pour Rothstein (1972), « si les changements de prix sur le marché étaient continus, l'indice arithmétique donnerait le rendement d'un portefeuille recomposé à la fin de chaque période dans lequel le même montant serait investi dans chaque titre, tandis que l'indice géométrique correspondrait au rendement continuellement recomposé ». Pour Brennan et Schwartz (1985), cela n'est vrai que si l'on fait l'hypothèse que les rendements des titres sont connus avec certitude.

On estime en général[1] que le calcul à l'aide d'une moyenne arithmétique introduit un biais à la hausse alors que le calcul à l'aide d'une moyenne géométrique introduit un biais à la baisse. Dans notre exemple, les évolutions des cours sont trop faibles pour vérifier ce biais.

Les études menées sur le *Value Line Composite Index* ont montré que, si ce dernier était calculé à l'aide d'une moyenne arithmétique, les résultats seraient supérieurs de 3 % par an, tandis que celles menées sur le *Dow Jones Industrial Average* démontraient que, si celui-ci était estimé à partir d'une moyenne géométrique, ses résultats seraient inférieurs de 2,4 % à ceux actuels.

1. Voir P. Cootner *in* « Stock market indexes – fallacies and illusions », *Commercial and Financial chronicle* 204, September 29, 1966, reprinted *in « Modern developements in investment management »*, J. Lorie et R. Brealey, Praeger, 1972.

CHAPITRE II

La pondération de l'indice et les risques événementaux

Ce chapitre est consacré à l'étude des différentes méthodes d'agrégation de l'indice : il traite notamment de la pondération par les capitalisations boursières (avec une étude particulière sur les indices de Laspeyres et de Paasche), de la pondération par les prix et de l'équipondération. Du fait d'événements dans la vie du titre (distribution de dividendes, augmentation de capital, offre publique d'achat ou d'échange, absorption), les indices peuvent subir des coupures aléatoires qui entraînent des évolutions anormales. La seconde partie de ce chapitre est consacrée à la prise en compte de ce type d'événement dans le calcul et la représentativité de l'indice.

1. La pondération de l'indice ou agrégation

On peut trouver trois types de pondérations possibles : la pondération par les capitalisations boursières, la pondération par les prix et l'équipondération.

1.1. La pondération par les capitalisations boursières

La pondération par les capitalisations boursières est la méthode généralement employée pour calculer un indice boursier. Il utilise la capitalisation boursière totale des sociétés retenues dans l'indice.

La formule générale à appliquer est la suivante [2-1] :

$$I(t) = B \times (\Sigma(N_i(t) \times C_i(t))/\Sigma(N_i(0) \times C_i(0))$$

avec :

– $N_i(t)$, le nombre de titre émis par la société i à l'instant t,
– $C_i(t)$, le cours du titre i à l'instant t,
– B, l'indice de base.

La pondération par les capitalisations boursières peut s'apparenter à un indice de type Laspeyres ou Paasche. Ces deux indices, qui sont en fait des indices de prix et non de volumes, donnent, comme on va l'analyser, des résultats différents l'un de l'autre d'environ 2 points (sur une base 100).

1.1.1. L'indice de Laspeyres

Un indice de Laspeyres compare, dans le temps, les valeurs d'un portefeuille fixe, qui correspond aux quantités réellement retenues dans le calcul pour l'année de base (q_0). C'est donc un indice dans lequel les prix sont pondérés par des quantités et évalués à une date fixée définitivement. Cette base sert donc d'élément de comparaison (valeur de l'indice 100, 1 000, etc.) pour toute la période pendant laquelle l'indice est calculé. On peut noter qu'il arrive, sur certains indices, de prendre comme base la moyenne de plusieurs années.

L'indice de Laspeyres s'écrit :

$$L_{i/0} = (\Sigma q_0 p_i / \Sigma q_0 p_0) \times 100 \qquad [2\text{-}2]$$

avec, « p_i », représentant le prix des titres des sociétés retenues à l'instant « i ».

La somme s'étendant aux « n » sociétés composant l'indice.

Exemple

Sur un marché fictif, on a considéré sur trois périodes t_1, t_2, t_3 trois titres A, B, C. Leurs caractéristiques sont résumées dans le tableau ci-dessous :

TABLEAU 1

Caractéristiques du marché fictif

Titre	**Nb de titres en *t*0**	**Cours *t*1**	**Nb de titres en *t*1**	**Cours *t*2**	**Nb de titres en *t*2**	**Cours *t*3**	**Nb de titres en *t*3**
A	100 000	100	100 000	101	100 000	101	150 000
B	200 000	97	200 000	103	200 000	106	200 000
C	250 000	75	250 000	73	350 000	73	350 000

On considère que de *t*0 à *t*1 les cours n'ont pas fluctué et que les titres ont été émis en *t*0.

Un indice de Laspeyres calculé sur les différentes périodes donne les résultats suivants :

TABLEAU 2

Calcul d'un indice de Laspeyres de cours

q0p0	*q0p1*	*L1/0**100	*q0p2*	*L2/0**100	*q0p3*	*L3/0**100
48 150 000	48 150 000	100	48 950 000	101,66	49 550 000	102,90

On constate donc, une croissance du marché qui passe de 100 en t_0 à 102,9 en t_3, évolution constatée avec, comme référence, les quantités existantes en t_0.

Avantages

On reconnaît généralement deux types d'avantage au calcul d'un indice de Laspeyres : la transférabilité et la rapidité.

• On parle de transférabilité de l'indice du fait que, dans notre exemple, le produit de l'indice de base $t = 0$ à $t = 3$ par l'indice de base $t = 0$ est égal à l'indice de base $t = 0$ à $t = 3$ multiplié par la base retenue, soit :

$$I_3/I_0 = (I_1/I_0) \times (I_2/I_1) \times (I_3/I_2) \qquad [2\text{-}3]$$

Si l'on reprend l'exemple ci-dessus, on aura :

102,90/100 = (100/100) × (101,66/100) × (102,90/101,66) = 1,029

• Du fait que les pondérations ne varient pas dans le temps, les calculs gagnent en rapidité.

Inconvénients

Comme on a pu le constater dans l'exemple ci-dessus, les quantités (ou pondérations) étant fixées définitivement, il apparaît un biais dans le calcul de l'indice dans la mesure où, en cas d'opérations sur le capital, ce qui est le cas dans notre exemple, le nombre de titres pris en considération ne correspond plus au nombre de titres existant à la période de calcul de l'indice. De ce fait, les titres qui n'ont pas subi d'opérations sont estimés à leur juste poids contrairement à ceux sur lesquels il y a eu des opérations sur le capital.

On devra donc réaliser un ajustement sur les capitalisations boursières de façon à prendre en compte toutes les opérations sur titre. Cet aspect du calcul sera étudié dans le deuxième partie de ce chapitre.

1.1.2. L'indice de Paasche

Un indice de Paasche correspond aux mêmes modalités de calcul que l'indice de Laspeyres mais avec comme référence les quantités correspondantes à la période « *i* ». C'est donc un indice dans lequel les prix sont pondérés par les quantités évaluées au moment du calcul.

Il s'écrit :

$$P_{i/0} = (\Sigma q_i p_i / \Sigma q_i p_0) \times 100 \qquad [2\text{-}4]$$

Exemple

Si l'on reprend l'exemple du tableau 1, et si l'on se situe en période 3, on peut calculer l'évolution à partir d'un indice de Paasche, comme suit :

TABLEAU 3

Calcul de l'indice de Paasche de cours

q3p0	***q3p1***	***P1/0*100***	***q3p3***	***P3/0*100***
60 650 000	60 650 000	100	61 900 000	102,06

Avantages

• Comme dans l'indice de Laspeyres, l'indice de Paasche est « transférable ».

• Les pondérations sont bien adaptées à la situation au temps *t*, c'est-à-dire au moment où l'on calcule l'indice. De ce fait, cet indice permet une modification continue du système de pondération.

Inconvénients

Puisque toutes les actions sont pondérées mais que les poids changent, dans la mesure où le rôle de chaque action dans l'indice n'est pas le même au cours du temps, toute opération sur le capital d'une des sociétés composant l'indice a un effet perturbant sur la mesure de l'évolution des cours.

Dans la pratique, « on utilise plus souvent les indices de Laspeyres ce qui permet de ne pas calculer les coefficients de pondération à chaque moment de l'étude[1] ». Par contre, comme on l'a déjà mentionné, ces deux indices présentent des défauts, notamment lors des modifications de capital.

1. J. Fourastié, *Mathématiques appliquées à l'économie*, Dunod, 1991, p. 189.

On parle alors (Gobry 1988) « d'égalité évolutive » en ce qui concerne l'indice de Paasche et « d'inégalité évolutive » pour l'indice de Laspeyres.

1.1.3. Les indices de quantité de Laspeyres et de Paasche

On peut calculer des indices de Laspeyres de quantité (pondérés par les prix évalués à une date fixe) et des indices Paasche de quantité (pondérés par les prix courants). Ces indices ne sont généralement pas ou peu employés pour le calcul d'indices boursiers, dans la mesure où ils traduisent l'évolution de quantités produites ou échangées. Dans ce cas, la formulation d'un indice de Laspeyres devient :

$$L_{i/0} = (\Sigma q_i p_0 / \Sigma q_0 p_0) \times 100 \qquad [2\text{-}5]$$

avec, « q_i », représentant la quantité des titres des sociétés retenues à l'instant « i ».

La somme s'étendant aux « n » sociétés composant l'indice.

Un indice de Paasche s'écrit :

$$P_{i/0} = (\Sigma q_i p_i / \Sigma q_0 p_i) \times 100 \qquad [2\text{-}6]$$

Ces indices posent les problèmes spécifiques au caractère additif des variables indexées.

1.1.4. L'indice de Fisher

On peut noter enfin la possibilité de calculer un indice synthétique, entre les indices de Laspeyres et de Paasche de prix, comme l'indice de Fisher qui représente, en fait, une moyenne géométrique de ces deux indices :

$$\text{Indice de Fisher} = \sqrt{\text{indice de Laspeyres} \times \text{indice de Paasche}} \qquad [2\text{-}7]$$

Si l'on reprend les résultats des tableaux 2 et 3, l'application de l'indice de Fisher donnerait :

$$\text{Indice de Fisher} = \sqrt{102,90 \times 102,06} = 102,48$$

1.1.5. La prise en compte des volumes dans le calcul de l'indice

Certaines études[1] ont été menées avec comme objectif d'analyser les résultats qui pourraient être obtenus à partir

1. P. Topsacalian, « Représentativité des indices, prise en compte de volumes et invariance d'échelle », Cahier de recherche du Grefim, n° 1, 1993.

d'un raisonnement tenu en terme de volume de capitalisation échangée ou en terme de volume de capitalisation potentiellement échangeable (volume maximal d'échange) et de les comparer avec les modes de calculs habituellement utilisés.

Dans ce cas, la population des actionnaires, et donc la capitalisation boursière correspondante, est décomposée en sous-ensembles distincts, à partir de la relation :

$$CAP_i = CB_{it}(N_{it}) + CR_{it}(NE_{it}) \qquad [2\text{-}8]$$

où :

– CAP_i, représente la valeur de l'ensemble des titres de la société « i » (capitalisation boursière totale),

– (N_{it}), le nombre de titres de la valeur i échangés sur la période t,

– (NE_{it}), le nombre de titres de la valeur i non échangés à la période t,

– CR_{it}, un cours de référence, pour l'ensemble des titres non échangés, considéré à l'instant t,

– CB_{it}, le cours boursier de la valeur i à l'instant t.

À partir de la relation [2-8], on peut définir deux indices dont la finalité n'est pas identique : l'indice de volume maximal d'échange et l'indice de référentiel. Seul le premier, qui repose essentiellement sur la première partie de l'équation, sera analysé dans ce chapitre. Le second propose en fait une autre valorisation des titres non échangés et devrait aboutir à une détermination du coût des fonds propres autre que celle proposée aujourd'hui par la théorie financière.

L'indice de « volume maximal d'échange »

L'indice de « volume maximal d'échange » prend comme base de calcul non plus la totalité des titres, comme dans le cas de la capitalisation boursière, mais ceux qui, sur une base maximum, participent effectivement aux échanges.

Dans ce cas, et contrairement à la démarche classique du calcul de la capitalisation, qui pose :

$$(N_{it} + NE_{it}) \in M \qquad [2\text{-}9]$$

avec :

– N_{it} le nombre de titres de la valeur i échangés sur la période t,

– NE_{it}, le nombre de titres de la valeur i non échangés à la période t,

– M représentant ici le marché des titres échangés.

On considère simplement que :

$$NE_{it} \notin M \qquad [2\text{-}10]$$

et seuls :

$$N_{it} \in M \qquad [2\text{-}11]$$

Il a été envisagé plusieurs méthodes pour déterminer le nombre de titres susceptibles de participer effectivement aux transactions. Il a été choisi de considérer le volume maximal d'échanges dont la valeur a fait l'objet pendant une certaine période.

Ainsi sur une période étudiée de $[t, t + n]$, on notera pour la valeur i :

N^i_{t+k} le volume d'échange à la date $t + k$ et on pose :

$$V^i_m = \sup_{k \in [1,n]} N^i_{t+k} \qquad [2\text{-}12]$$

où :

V^i_m, est le volume maximal d'échange de la valeur i sur la période considérée, m.

On définit alors l'indice :

$$It / t_0 = \frac{\sum_i V^i_m \tilde{C}^i_{t+1}}{\sum_i V^i_m \tilde{C}^i_t} \qquad [2\text{-}13]$$

où :

$\tilde{C}^i_{t+1}$ le cours de la valeur i à la date $t + 1$, dividende stocké,

$\tilde{C}^i_t$ le cours de la valeur i à la date t, dividende stocké.

On peut ajuster l'indice de différentes manières selon la périodicité prise en compte.

Trois types de périodicité d'ajustement peuvent être retenus :

– On considère dans le premier cas l'ensemble de la période étudiée. Seul le volume maximal sur la période de référence $[t, t + n]$ est considéré. Ce volume est considéré comme étant constant sur toute la période de référence.

– Dans un deuxième cas, comme pour l'ajustement précédent, on considère que le volume mensuel maximal d'échanges est représentatif de l'importance de la valeur sur le marché ; on le réajuste tous les 12 mois.

Dans ce cas la formule devient :

$$V_m^i = \sup_{k \in [1,12]} N_{t+k}^i \qquad [2\text{-}14]$$

– Dans un troisième cas, l'indice est réajusté tous les mois et calculé en considérant les 6 mois précédant et les 6 mois suivant le mois considéré.

Ce qui donne :

$$V_m^i = \sup_{k \in [-6,6]} N_{t+k}^i \qquad [2\text{-}15]$$

On peut penser que l'ajustement réalisé pour le calcul des différents indices de volume maximal d'échanges introduit un biais dans les résultats. En effet, on ajuste les cours réels pour pouvoir les comparer au dernier cours considéré. Cependant, du fait de cet ajustement, il se peut que le poids attribué à chaque société prise en compte pour le calcul de l'indice soit modifié.

Si les sociétés d'un échantillon, retenues pour le calcul de l'indice, n'effectuent pas d'opérations en capital, on peut dire que l'importance d'une société « *i* » sera surestimée ce qui risque d'introduire un biais dans les résultats de l'indice. *A priori*, ce biais sera d'autant plus important que la période considérée pour les ajustements est longue.

On va donc effectuer un autre ajustement des cours en considérant, pour tous les instants, le cours tel qu'il aurait été si la situation de volume maximal d'échanges était atteinte. On élimine donc l'influence des opérations de capital en ajustant tous les cours sur celui qui correspond au moment où le volume maximal d'échanges est atteint. Le biais mentionné ci-dessus est donc supprimé.

Les différents indices existant et l'indice maximal d'échange ont été testés sur deux types d'échantillon :

– le premier a comme base un marché purement fictif et comme objectif de mettre en évidence les écarts entre les différents indices ;

– le second est une application réelle sur le marché des titres. Il est réalisé à partir de l'échantillon dont il a été testé la représentativité et a pour objectif de faire apparaître les éventuelles différences ou analogies de résultats obtenus à partir des indices actuels.

À partir de toutes ces mesures, on a comparé les rendements mensuels des divers indices deux à deux et fait ressortir les différences de rentabilités annuelles sur la période considérée (biais moyen).

Les résultats

Les résultats du premier test sur une base purement fictive peuvent être résumés comme suit :

TABLEAU 4

Évolution des deux indices

		$L_{1/0}$	$L_{2/0}$
Capitalisation boursière	100	101,66	102,9
Indice du maximum échangé	100	99,95	100,5

La « capitalisation boursière », calculée sur les mêmes bases que l'indice SBF, fait apparaître une croissance constante du marché, liée en fait à la très forte croissance d'un titre qui représente 200/550 du marché, mais en réalité seulement 4/20 des transactions. L'indice sur le maximum échangé laisse apparaître une baisse en t_{+1} liée au fait qu'un autre titre de l'échantillon, représentant le maximum d'échange sur la période, a subi une baisse importante en t_1, et une reprise en t_{+2} amenant l'indice au dessus de t_0.

En préambule au deuxième test, une étude a été réalisée afin de tester la représentativité de l'échantillon avec l'indice SBF couramment employé. Comme le montre le tableau 5, on remarque tout d'abord que les différents rendements sont bien corrélés (R^2). On peut noter que le calcul à l'aide d'une moyenne géométrique non pondérée introduit un léger biais à la baisse de l'ordre de 2,3 % par an, ce qui correspond à ce qui a été observé pour le Dow Jones IA et le Value line CI. On peut également constater que les biais résultant des différentes pondérations utilisées pour la moyenne arithmétique sont relativement importants (de l'ordre de 4 % en moyenne). Il apparaît donc que les résultats obtenus sont très sensibles à la méthode employée.

TABLEAU 5

Calcul par rapport aux indices actuels

Indice X	Indice Y	R^2	Écart moyen
EQ	GEO	0,9987	6,4 %
EQ	CB	0,9645	3,85 %
PRX	CB	0,9694	4,7 %
PRX	GEO	0,9878	2,3 %
PRX	EQ	0,9862	4,7 %
GEO	CB	0,9696	3 %

où :

– EQ représente l'indice équipondéré,

– PRX, l'indice calculé à l'aide d'une moyenne pondérée par les prix,

– GEO, l'indice calculé à l'aide d'une moyenne géométrique,

– CB, l'indice calculé à l'aide d'une moyenne pondérée par les capitalisations boursières.

Comme le montre le tableau 6, la comparaison des résultats des différents indices de volume d'échange maximal et de l'indice de capitalisation boursière montre de faibles différences, des variations bien corrélées et une « ***symétrie d'échelle*** ». On peut noter simplement que les indices de volume maximal d'échange amplifient légèrement les variations de l'indice de capitalisation boursière (de l'ordre de 3 %). Cette similitude dans les résultats obtenus par les différentes méthodes, liée aux données utilisées, peut surprendre dans la mesure où elle infirme le test sur les données fictives.

TABLEAU 6

Résultats sur les méthodes d'échanges maximum

Indice X	Indice Y	R^2	Écart moyen
CB	VME 1	0,98765	3,25 %
CB	VME 2	0,98303	5,5 %
CB	VME 3	0,98181	3,5 %

où :

– CB représente la capitalisation boursière de l'échantillon,

– VME1, l'indice 1 pondéré par le volume maximal d'échanges (volume constant sur toute la période),
– VME2, l'indice 2 pondéré par le volume maximal d'échanges, volume ajusté au mois de juillet de chaque année,
– VME3, l'indice 3 pondéré par le volume maximal d'échanges, ajusté chaque mois en tenant compte des 6 mois précédant et des 6 mois suivant le mois considéré.

Un test réalisé sur un échantillon plus faible, à partir d'un indice de capitalisation boursière classique et un indice de volume maximal d'échange, a donné comme résultat un biais annuel moyen de 7 %, soit nettement plus que dans le cas de l'échantillon de choisi. Ce résultat laisse entrevoir la possibilité de biais importants dans le mesure ou l'échantillon choisi est restreint.

Avantages et inconvénients d'une telle approche

Les limites soulevées par le calcul de ces indices sont essentiellement liées au mode de calcul ; en effet, si le biais introduit par la capitalisation globale est diminué, le fait de raisonner sur un maximum d'échange sur une période glissante ou fixe, maintient l'erreur de non représentativité réelle du marché, tout en l'atténuant.

Les indices calculés, bien que mathématiquement erronés, traduisent bien les évolutions lorsque la structure de l'échange reste identique. Il y a donc invariance d'échelle entre les différentes méthodes. Toutefois, l'intérêt d'une telle démarche réside dans le fait que l'approche en terme de maximum échangé évite de comparer des éléments non comparables entre eux et surtout de gommer une partie de l'erreur due au fait que l'on capitalise des éléments non échangés. Une telle approche a de plus le mérite de poser le problème de la séparation entre les titres réellement échangés et ceux non échangés.

1.2. La pondération par les prix

La pondération par les prix donne en fait un indice non pondéré car un même changement de prix en valeur absolue a la même répercussion sur l'évolution de l'indice, quel que soit le titre en question. Il reflète, en réalité, l'évolution de la moyenne arithmétique des prix des actions qui compose l'indice, indépendamment de la capitalisation boursière. Cela pose parfois des problèmes (notamment dans le cas de l'indice Nikkei) lorsque l'indice prend en compte un nombre de titres important dont les cours sont très différents (Hiault 1990). Ce mode de calcul accorde d'autant plus d'importance à un titre que son cours (prix) est élevé.

Il ne privilégie donc, ni les entreprises à faible capitalisation boursière, ni celles à forte capitalisation boursière puisque le facteur explicatif de l'influence d'une action sur l'indice est son prix.

La formulation d'un indice pondéré par les prix est la suivante :

$$I(t) = B_0 \times (\Sigma(C_i(t)/C_i(0))) \qquad [2\text{-}16]$$

On trouve également la formulation suivante :

$$I(t) = \frac{(1/n)\sum_{i=1}^{n} C_i(t)}{(1/n)\sum_{i=1}^{n} C_i(0)} \times B_0 \qquad [2\text{-}17]$$

où :
– B_0 représente l'indice de base à l'instant 0,
– $C_i(t)$ le cours du titre i à l'instant t,
– n le nombre de titres total qui composent l'indice.

Exemple

Si l'on prend l'exemple du tableau 7 et si l'on suppose que les trois titres font partie de l'échantillon, une pondération par les prix donnera les résultats résumés dans le tableau 8.

TABLEAU 7
Exemple de marché fictif

Titre	Nb de titres en *t*0	Cours *t*0	Cours *t*1	Cours *t*2
A	200 000	100	101	105
B	100 000	125	115	106
C	100 000	75	70	73

TABLEAU 8
Indices calculés par une pondération par les prix

Valeur *t*0	Valeur *t*1	*I*1/0	Valeur *t*2	*I*2/0
300	286	95,33	284	94,66

où :

$$It = \frac{(1/3)(286)}{(1/3)(300)} \times 100 = 95,33$$

Ainsi, entre *t*0 et *t*1, l'indice calculé à partir d'une pondération par les prix donne une évolution de 100 à 95,33 points alors que l'indice mathématique, pondéré par les capitalisations boursières, tableau 9, donnerait une évolution de 100 à 96,75.

TABLEAU 9
Calcul de l'indice mathématique

Capitalisation *t*0	**Capitalisation *t*1**	***I*1/0**	**Capitalisation *t*2**	***I*2/0**
40 000 000	38 700 000	96,75	38 900 000	97,25

On constate donc, dans cet exemple particulier, que l'indice calculé à partir d'une pondération par les prix donne une valeur de l'indice plus faible que celui de la capitalisation boursière. Cela provient du titre A qui, étant le seul en croissance et représentant la moitié du nombre de titres en circulation, n'est pris dans le calcul de la pondération par les prix que pour un poids de 1/3. *A contrario*, si dans l'exemple, le titre A était composé de 100 000 titres et le titre B de 200 000 titres, on constaterait que le calcul à partir d'une pondération par les prix donne un meilleur résultat que par la capitalisation boursière. Il faut noter enfin que, plus le prix de l'action est élevé, plus celle-ci contribue aux performances de l'indice : le poids d'une action dans un indice pondéré par les prix augmente avec son prix.

Ainsi, à titre d'exemple, la société Toho, qui fait partie de l'indice Nikkei, et dont le prix est l'un des plus élevés de la bourse japonaise, a un poids disproportionné dans l'indice par rapport à sa capitalisation boursière (qui est une des plus faibles).

On a considéré, dans tous les exemples précédents que, sur les périodes étudiées, la structure des titres composant l'échantillon. n'était pas modifiée. Dans le cas contraire, la comparaison serait difficile à réaliser dans la mesure où va se poser le problème, qui sera étudié dans la seconde partie du chapitre, concernant la modification du nombre de titres. En effet, la valeur d'un indice ne doit pas être affectée par des opérations sur capital qui provoqueraient des variations de cours. De ce fait, une correction doit être effectuée de façon à ce que la valeur de l'indice reste constante, toutes choses étant égales par ailleurs.

Si les indices pondérés par les prix ne sont pas appropriés pour apprécier les performances d'une place ou celles d'une gestion diversifiée, en raison de leur mode de calcul, leur facilité de calcul et leur simplicité les rend commode à des fins de gestion indicielle.

1.3. L'équipondération

Dans le cadre de l'équipondération, on considère que l'on investit la même somme dans chaque titre et on observe l'évolution de l'investissement. Il s'agit d'une méthode d'agrégation simple, puisqu'elle suppose qu'un même montant est investi dans chaque action contenue dans l'indice. De ce fait, une même variation relative de prix (cours) a la même influence sur l'évolution de l'indice, quelle que soit la valeur concernée. On peut donc penser que ce mode de calcul, par rapport aux deux autres, donne plus d'importance aux titres qui font l'objet d'un nombre réduit d'échanges (Kantor, 1972).

Exemple

On considère un portefeuille de 900, composé de trois titres A, B, C dont les caractéristiques sont reprises dans le tableau 10.

TABLEAU 10

Caractéristiques du portefeuille

Titre	Nb de titres en $t0$	Cours $t0$	Cours $t1$	Cours $t2$
A	100 000	150	160	155
B	100 000	100	105	115
C	400 000	75	70	75

Un indice équipondéré considérera que la même somme est investie dans chaque titre soit :
- 2 titres A soit $2 \times 150 = 300$,
- 3 titres B soit $3 \times 100 = 300$,
- 4 titres C soit $4 \times 75 = 300$.

La valeur de marché du portefeuille, permettant de calculer l'indice, est de 900 en *t*0. On considérera que *t*0 représente la base 100.

En *t*1, la valeur de marché de l'indice sera égale à :

$$(2 \times 160) + (3 \times 105) + (4 \times 70) = 915$$

L'indice sera donc égal à : (915/900) × 100 = 101,66 %.

Le même calcul, par rapport à *t*2, aurait donné une valeur de 955 soit, par rapport à *t*0, un indice de 106,11.

Il est intéressant de comparer les évolutions des différents indices par rapport aux indices équipondérés. En effet, si l'on refait les calculs à partir d'une pondération par les capitalisations boursières et une pondération par les prix, on aura les différents indices repris dans le tableau 11.

TABLEAU 11

Récapitulatif des résultats de calcul des différents indices

	Valeur *t*0	**Valeur *t*1**	**Indice**
Capitalisation boursière	55 000 000	54 500 000	99,09
Pondération par les prix	325	335	103,07
Équipondération	900	915	101,66

Par rapport aux valeurs à la date des calculs, le titre A a subi une augmentation de 20 % alors que les cours des titres B et C ont respectivement accusé une hausse de 5 % et une baisse de 7 %. L'indice équipondéré correspondant a pris une valeur de 101,66, et cette augmentation fait suite essentiellement à la hausse, entre *t*0 et *t*1, de 20 % de l'action A qui ne représente, au départ, que 27,22 % de la capitalisation boursière. Le calcul réalisé à partir des capitalisations boursières fait apparaître une baisse de l'indice, du fait de la dépréciation du titre qui représente la plus forte capitalisation (54,45 %).

Comme on a pu le voir dans l'exemple, l'utilité d'un indice équipondéré est limitée d'un point de vue évolution du marché, sauf pour l'investisseur qui désirerait investir le même montant dans chaque titre composant son portefeuille. Par contre, en tant qu'utilisation pour calculer un indice, on suppose que l'investisseur désire acheter le même montant dans tous les titres entrant dans la composition de l'indice et qu'il gère en permanence son portefeuille pour avoir toujours le même montant investi sur chaque titre. Comme on le voit, ce n'est pas un indice de référence pour la gestion de portefeuille.

1.4. Le système d'agrégation de l'indice digitologique

Dans le cadre de son ouvrage, Gobry (1988) définit les propriétés d'un indice digitologique comme celles :
– rendant le moins risquée pour un marché à terme, la cotation mathématique au comptant,
– mesurant le mieux la performance et le risque de la bourse,
– possédant aucun risque d'agrégation, avec une séparation rigoureuse des volumes et des prix,
– donnant la valeur de l'indice à terme I_{T0} comme égale à : $I_{T0} = [1 + r_0(T)]I_0$ avec I_0 l'indice au comptant à l'instant 0 et $r_0(t)$ le taux de rémunération à l'instant 0 d'un placement sans risque sur un terme t.

Il décrit donc la possibilité de définir un système d'agrégation de « volume pur ». Celui-ci est calculé à partir du nombre de titres n, représentant le capital social de ces sociétés. De ce fait, l'agrégation est indépendante de la structure de prix, de l'évolution de laquelle l'indice digitologique rend compte. Ainsi, la cotation au comptant d'un tel indice permet d'isoler ce qui relève des prix (les cours) et ce qui relève des volumes (les nombres de titres).

Un indice digitologique n'est pas « pondéré par les capitalisations boursières » et évite d'avoir à choisir entre un indice de type Laspeyres et un indice de type Paasche. Il est donc indifférent qu'on évalue le système de pondération digitologique à une date fixe (comme le suggère Laspeyres) ou à l'instant de cotation (comme le suggère Paasche).

Les inconvénients respectifs des indices de type Laspeyres et Paasche sont donc absents d'un indice digitologique.

Le calcul de l'indice est toujours rapporté au même dénominateur au cours de l'année de base. Il ne subit aucun lissage géométrique aléatoire à l'exception de celui du 31 décembre à minuit réalisé pour un montant connu à l'avance (le détachement des droits de l'indice), donc non aléatoire, et parfaitement intégrable dans les stratégies des opérateurs sur l'indice.

1.5. *Les problèmes dus à la pondération*

Les méthodes de pondération par les prix et d'équipondération sont très critiquées. On considère en général que l'importance relative de chaque valeur dans l'indice doit correspondre à son importance relative sur le marché, d'autant que l'évolution boursière des titres des grandes sociétés est bien souvent différente de celle des petites. C'est pourquoi on utilise, dans la plupart des cas, un indice pondéré par les capitalisations boursières, surtout dans le cadre d'un indice dont l'échantillon comprend un nombre important de valeurs.

Cependant, le fait de considérer que la capitalisation boursière est représentative de l'importance de la valeur considérée sur le marché n'est pas sans poser problème. Le nombre de titres émis par une société peut, en effet, être considéré comme un estimateur biaisé de l'importance de cette société sur le marché car tous les titres ne participent pas effectivement aux transactions. Le risque d'erreur est d'autant plus grand que le nombre de titres, qui ne fait pas l'objet d'échange (blocs de contrôle), est important et varie selon les sociétés.

2. Nature et prise en compte d'événements

Les méthodes de calcul des indices réalisées par les autorités boursières ou des organismes privés, ont été largement critiquées. Indépendamment du mode de calcul, les principales objections portent sur la prise en compte des dividendes, sur les ajustements en cas d'opérations sur le capital et bien sûr, sur la pondération.

La permanence de la représentativité, ou ce qui en tient lieu, peut être mise en cause du fait du nombre d'événements financiers qui ont lieu sur le marché, entraînant des révisions du mode de calcul des indices ou éventuellement, comme on l'a déjà évoqué, la redéfinition de l'échantillon à la suite d'opérations de fusions ou d'acquisitions.

On étudiera successivement le problème de la prise en compte (ou non) des dividendes, l'impact des différentes opérations sur le capital ainsi que leur intégration dans le calcul de l'indice. L'analyse se fera pour les différents types d'agrégation.

2.1. Le problème des dividendes

Le plus souvent les « grands indices » ne tiennent pas compte des dividendes dans leurs calculs bien que l'on constate une évolution très nette vers la prise en compte de cette variable.

Ainsi, la SBF calcule des indices de rentabilité en réinvestissant les dividendes nets ou globaux (nets + avoir fiscaux), à partir de la relation suivante :

$$RN_t = \frac{RN_{t-1}}{I_{t-1}} \times \left(I_t + 1\,000 \times \frac{\sum_{i=1}^{N}(Qi_t \times Dni_t)}{K_t \times CBA_0} \right) \quad [2\text{-}18]$$

ou :

$$RG_t = \frac{RG_{t-1}}{I_{t-1}} \times \left(I_t + 1\,000 \times \frac{\sum_{i=1}^{N}(Qi_t \times Dgi_t)}{K_t \times CBA_0} \right) \quad [2\text{-}19]$$

où :

– RNt et RN_{t-1} sont les indices de rentabilité nette au jour t et à la clôture de la veille $t-1$,

– RGt et RG_{t-1} sont les indices de rentabilité globale au jour t et à la clôture de la veille $t-1$,

– It et I_{t-1} sont les indices nus au jour t et à la clôture de la veille $t-1$,

– Dni_t et Dgi_t sont les dividendes nets ou globaux versés par les valeurs i de l'échantillon, au jour t,

– Qi_t est le nombre de titres inscrits de la valeur i ayant droit au dividende.

Le problème de fonds qui est posé en matière de prise en compte des dividendes est en liaison avec l'objet de l'indice :

– doit-il être le reflet de l'évolution réelle du marché (sous-entendu s'il y a détachement du coupon il est normal que le cours subisse une baisse et de ce fait le marché l'enregistre) ?,

– doit il mesurer le rendement du marché ?

La non-prise en compte des dividendes pose effectivement un problème car on évalue en fait qu'une partie de la rentabilité du titre et on néglige le revenu lié à sa possession. Toutes choses étant égales par ailleurs, l'indice va diminuer à la suite du versement de dividendes, (les études ont démontré que la baisse moyenne du prix des titres était d'environ 90 % du montant distribué), ce qui représente en fait une « coupure aléatoire » qui ne correspond pas à une diminution du rendement du marché (King, 1966). On raisonne comme si les dividendes étaient purement et simplement annulés au moment de leur versement.

Pour Fisher (1966), un indice qui ne rend compte que de l'évolution des prix des titres n'est pas intéressant car on ne peut connaître la raison du changement de prix : est-ce une modification des anticipations des investisseurs, du taux d'actualisation ou des droits que représente le titre ?

Pour le calcul de certains indices, les dividendes sont considérés comme réinvestis dans les titres de la société qui a distribué ou dans le panier des valeurs qui est utilisé pour le calcul de l'indice.

Cette approche peut toutefois être critiquée car :
– elle ne correspond pas à une gestion passive du portefeuille de valeurs utilisé pour le calcul de l'indice,
– lorsque l'on parle de rentabilité d'un titre[1], on considère les dividendes « bruts » sans les réinvestir. Il semblerait donc normal de considérer le rendement du marché de la même manière, c'est-à-dire de prendre en compte les dividendes sans les réinvestir.

Enfin, une dernière approche, qui répond mieux à cette dernière critique, consiste à geler, sans coût, les dividendes à partir d'un « stockage digitologique ». On aura alors :

$$\overline{C}_t = C_t + A_t D \qquad [2\text{-}20]$$

où :

– $\overline{C}_t$ représente le cours, dividende stocké à l'instant t,

– C_t le cours en bourse à l'instant t,
– D le dividende versé par la société à période $t0$,
– A_t un coefficient qui prend la valeur de 1 (si on calcule l'indice une date postérieure à $t0$) et 0 dans le cas contraire.

---

1. On admet en général que la rentabilité du titre i entre t et $t + 1$ est donnée par la formule :

$$Ri(t) = (Pi(t+1) - Pi(t) + Di(t))/Pi(t)$$

avec :
– $Pi(t)$ le prix du titre en période t,
– $Pi(t + 1)$ le prix en période $t + 1$,
– $Di(t)$ le dividende distribué entre t et $t + 1$.

Les effets d'un détachement de coupon sur l'indice

Le versement des dividendes va avoir une influence sur l'indice qui, il faut le rappeler, donne une mesure de la progression des cours et non du rendement des actions. Lorsqu'on verse un dividende, l'action voit, théoriquement, son cours diminuer du montant de ce dividende. Cette diminution devrait laisser, en principe, les investisseurs indifférents dans la mesure où la perte est compensée par le coupon détaché. Par contre, en ce qui concerne les indices classiques, c'est-à-dire ceux ne tenant pas compte du coupon, elle se répercute sur l'indice qui subit une baisse en rapport avec le dividende versé et le mode d'agrégation.

Tout le problème réside dans la mesure de l'impact du détachement sur l'indice. Aux États-Unis, par exemple, où le coupon est souvent payé sous forme d'acompte, les baisses imputables au phénomène des dividendes sont plus faibles qu'en Europe. En France, les dividendes sont généralement détachés une seule fois dans l'année, entre les mois de mai et d'août. De ce fait, leur incidence sur les indices est nettement plus forte, influençant l'indice et diminuant sa lisibilité.

Il faut toutefois remarquer que tout ajustement à la suite d'une distribution de dividendes ne peut être qu'arbitraire dans le sens où la plupart des investisseurs ne perçoivent pas le montant brut du dividende du fait de l'impact de la fiscalité. Diverses solutions sont envisageables : on peut supposer que les dividendes sont réinvestis dans les titres, dans le panier de valeurs qui composent l'indice ou qu'ils ne sont pas réinvestis. L'indice DAX, par exemple, considère qu'ils sont tout d'abord réinvestis dans le titre puis dans l'indice lui-même.

2.2. *Les problèmes soulevés par les ajustements effectués en cas d'opérations sur le capital*

Les opérations sur le capital, (augmentation de capital en numéraire, distribution d'actions gratuites, division et regroupement de titres, actions d'apport, offre publique d'achat ou d'échange, fusion…), vont avoir une influence sur le cours boursier et quelquefois sur la capitalisation boursière. Pour éliminer l'impact que ces opérations sur le capital ont sur l'évolution de l'indice, on ajuste la capitalisation boursière de base grâce à un coefficient global d'ajustement. Du fait de cette méthode d'ajustement, la structure de l'agrégation de l'indice risque d'évoluer de façon aléatoire avec le temps.

On analysera successivement les différentes opérations en étudiant, leur impact sur le cours boursier, la capitalisation boursière et en faisant la nuance entre le coefficient d'ajustement des cours et, suivant le type de pondération, celui de l'indice.

2.2.1. Les augmentations de capital en numéraire

En France, les actions nouvelles sont généralement émises à un prix d'émission égal au nominal plus une prime dite d'émission, mais à un prix inférieur au cours boursier. Dans tous les cas, le nombre d'actions en circulation est un multiple du nombre d'actions à émettre. La prime d'émission a pour but d'assurer l'égalité des actionnaires en faisant payer aux actions nouvelles le droit qu'elles vont acquérir sur les réserves.

Le niveau du prix d'émission des actions nouvelles peut être influencé par plusieurs facteurs et, également, être un vecteur d'information vers le marché. En effet, il peut être influencé par des facteurs exogènes, tel que la fiscalité par exemple dans le cas où, comme en 1990, il est possible, jusqu'à un certain seuil, de déduire fiscalement le dividende de nouvelles actions. Il constitue par contre une variable de communication importante de l'entreprise avec le marché[1]. Il s'agit donc d'un signal en direction de celui-ci, concernant aussi bien les caractéristiques de l'émission que ses conséquences. Il influe également sur le contrat de garantie, contrat de placement avec l'émetteur, proposé par les banques qui sont souvent à l'origine de la fixation du prix d'émission (c'est, en effet, le banquier qui dispose des meilleures informations sur la demande potentielle).

Conséquences techniques sur le suivi boursier des cours

D'un point de vue boursier, il y aura modification du cours de l'action (baisse) dans la mesure où l'augmentation

1. Voir à ce sujet, R. Heinkel, et E. Schwartz, « Rights versus underwritten offerings : an asymetric information approach », *Journal of Finance*, March 1986, p. 1-18. Ces auteurs ont montré que certaines sociétés (de qualité moyenne) informent le marché de leur confiance dans l'évolution du cours.

se fait à un prix inférieur au cours boursier. Lorsqu'une opération a lieu sur le capital, il va donc y avoir destruction de l'homogénéité de la série des cours observés (prix d'émission inférieur à la valeur boursière et nombre de titres en circulation différent). Il y aura donc nécessité d'ajuster les cours, à l'aide d'un coefficient d'ajustement, si l'on souhaite effectuer des comparaisons homogènes entre les périodes avant et après l'augmentation. Les coefficients d'ajustements ont été définis et mis au point sous l'autorité de l'ancienne chambre syndicale des agents de change.

L'ajustement des cours est donc une opération qui consiste à rendre comparables dans le temps les cours successivement observés sur une action.

La formule du ***coefficient d'ajustement du cours boursier*** est la suivante :

$$K = (N \times C + Y)/(N + n)C \qquad [2\text{-}21]$$

où :
- K, représente le coefficient d'ajustement,
- N, le nombre d'actions avant l'opération,
- C, le cours coté le jour précédant l'opération,
- Y, le montant de l'augmentation de capital,
- n, le nombre d'actions nouvelles émises.

Le droit de souscription

Le droit de souscription représente le droit qui est donné à tout actionnaire ancien de souscrire à l'émission de titres nouveaux. Dans la mesure où le nombre d'actions en circulation est un multiple du nombre d'actions à émettre et qu'à chaque action ancienne est attaché un droit de souscription, il faut un nombre déterminé de droits de souscription pour pouvoir souscrire à l'augmentation de capital. Techniquement, ce droit est évalué de manière à égaler la perte théorique que devrait subir l'action du fait de l'émission à un prix inférieur au cours boursier. C'est un droit cessible et négociable. Si un actionnaire ancien ne désire pas souscrire à la nouvelle augmentation de capital, il va pouvoir vendre le droit de souscription attaché à son action. De ce fait, ce droit compensera la perte technique que le cours va subir. De même, un actionnaire n'ayant pas assez de titres, donc de droits de souscription pour souscrire (rompu), aura la possibilité soit, d'acheter un droit de souscription (et non un titre) soit, de vendre ses droits.

Le calcul du droit de souscription s'exprime ainsi :

$$DS = (CB - PE)NA/NT \qquad [2\text{-}22]$$

où :
- CB, représente le cours boursier avant l'opération,
- PE, le prix d'émission des nouvelles actions,
- NA, le nombre de nouvelles actions,
- NT, le nombre total d'actions, anciennes et nouvelles.

Le droit de souscription est une fonction décroissante du prix d'émission. Un prix d'émission égal au cours boursier conduit à une valeur du droit nulle.

En pratique, dans la mesure où les droits de souscriptions sont cotés en bourse, dès l'ouverture de la souscription, le cours du droit fluctue et ne correspond que très rarement au cours théorique.

L'ajustement de l'indice

La continuité des indices, quelle que soit l'agrégation retenue, doit être préservée.

Dans le cadre d'une ***pondération par les capitalisations boursières***, la continuité doit être assurée au moyen d'un ajustement dit ajustement de la base. L'ajustement est obtenu de telle façon que le premier indice après l'augmentation de capital reste identique à celui précédant l'opération.

Soit : ***indice du jour = indice de la veille***

En fait, la capitalisation boursière avant l'opération est multipliée par un coefficient d'ajustement k, pour donner une nouvelle capitalisation de base ajustée devant servir pour les calculs ultérieurs de l'indice.

On peut donc écrire :

$$CBA_t = CBA_{t-1} \times \left[1 + \left(\frac{\Delta CB_t}{CB_{t-1}}\right)\right] = CBA_{t-1} \times k \qquad [2\text{-}23]$$

où :
- CBA_t représente la capitalisation boursière ajustée après modification,
- CBA_{t-1} la capitalisation boursière ajustée avant modification,
- ΔCB_t la variation de la capitalisation boursière due aux opérations sur le capital,
- CB_{t-1} la capitalisation boursière avant modification.

Cette formule est appliquée dans le cadre du calcul de l'indice CAC 40, par exemple, où le dénominateur est recalculé de sorte que le premier indice, qui serait obtenu après une opération sur titres, reste, toutes choses étant égales par ailleurs, rigoureusement identique au dernier indice sur la place.

Exemple

À partir des informations ci-dessous, et compte tenu de la modification des titres en *t*1 (augmentation du nombre de titres de C, due à une augmentation de capital en numéraire de 100 000 actions nouvelles au prix de 65 francs), on peut calculer la capitalisation boursière ajustée et le coefficient d'ajustement. Il est rappelé que les cours n'ont pas fluctué entre *t*0 et *t*1 et que l'indice de base est 100 en *t*0.

TABLEAU 12

Exemple d'évolution des cours avec augmentation de capital

Titre	Nb de titres en t0	Cours *t*1 avant AK	Nb de titres en *t*1 avt AK	Cours *t*1 après AK	Cours *t*2	Nb de titres en *t*2
A	100 000	100	100 000	100	101	100 000
B	200 000	97	200 000	97	103	200 000
C	250 000	75	250 000	72,15	73	350 000

Contrôle du cours après l'augmentation de capital :

$$DS = (75 - 65)\frac{100\ 000}{350\ 000} = 2,85$$

Le cours boursier de C devrait, théoriquement, se stabiliser après augmentation de capital à 72,15.

La capitalisation boursière en *t*1, avant l'opération sur le capital, est égale à :

$$(100 \times 100\ 000) + (97 \times 200\ 000) + (75 \times 250\ 000)$$
$$= 48\ 150\ 000$$

Après l'opération sur le capital, elle est égale à :

$$(100 \times 100\ 000) + (97 \times 200\ 000) + (72,15 \times 350\ 000)$$
$$= 54\ 652\ 500$$

Afin qu'il y ait égalité entre les indices, on peut calculer le coefficient d'ajustement de l'indice :

$$\frac{54\ 652\ 500}{48\ 150\ 000} = 1{,}135$$

On peut également le recalculer comme suit :

$$54\ 652\ 500 = 48\ 150\ 000 \times \left[1 + \left(\frac{6\ 500\ 000}{48\ 150\ 000}\right)\right] = CBA_{t-1} xk$$

soit = 1,135 × 48 150 000.

En considérant l'ensemble des opérations ayant modifié la capitalisation boursière de base depuis le jour de base, on a :

$$CBA_t = k_t \times CBA_{t-1} = k_t \times k_{t-1} \times CBA_{t-2} x \ldots$$

$$K = k_t \times k_{t-1} \ldots \times k_1 \qquad [2\text{-}24]$$

$$CBA_t = K \times CBA_0$$

Dans le cadre ***de la pondération par les prix*** et par ***équipondération***, on pourra raisonner de la même façon, en substituant à la pondération par la capitalisation boursière, l'agrégation choisie et en gardant l'égalité de base :

indice du jour = indice de la veille

Exemple de pondération par les prix

Si l'on prend les informations d'évolution des cours du tableau 13, le calcul de l'indice non ajusté à partir d'une pondération par les prix donnerait les résultats suivants :

TABLEAU 13

Indice pondéré par les prix, non ajusté

Titre	**Nb de titres en t0**	**Cours *t*1 avant AK**	**Nb de titres en *t*1 avt AK**	**Cours *t*1 après AK**	**Cours *t*2**	**Nb de titres en *t*2**
A	100 000	100	100 000	100	101	100 000
B	200 000	97	200 000	97	103	200 000
C	250 000	75	250 000	72,15	73	350 000
Somme		272		269,15	277	

Pour qu'il y ait égalité entre *t*1 avant l'opération sur la capital et *t*1 après l'opération, il faudra appliquer au premier un coefficient d'ajustement.

En effet, si l'on reprend le calcul d'un indice pondéré par les prix on a :

$$It = \frac{(1/n)\sum_{i=1}^{n} C_i(t)}{(1/n)\sum_{i=1}^{n} C_i(0)} \times B_0 \qquad [2\text{-}25]$$

qui peut également s'écrire :

$$I_t = \frac{(1/n)\sum_{i=1}^{n} C_{it}}{Diviseur}$$

$$Diviseur = \frac{(1/n)\sum_{i=1}^{n} C_{i0}}{100} \qquad [2\text{-}26]$$

En cas d'opération sur le capital, on modifiera le diviseur de telle façon que la valeur de l'indice reste constante.

Ainsi, à partir de l'exemple ci-dessus, si on ne modifie pas le diviseur, on peut calculer l'évolution de l'indice comme suit :

$$I_t = \frac{(1/3)(269,15)}{0,9066} = 98,95$$

$$Diviseur = \frac{(1/3)272}{100} = 0,9066$$

Le diviseur avec l'opération sur titre va prendre la nouvelle valeur suivante :

$$Diviseur = \frac{(1/3)(269,15)}{0,89716} = 0,897166$$

De ce fait l'indice restera stable :

$$I_t = \frac{(1/3)(269,15)}{0,89716} = 100$$

Exemple d'équipondération

On peut calculer, à partir des informations du tableau 14, le coefficient d'ajustement à partir d'un indice équipondéré.

TABLEAU 14

Exemple d'évolution d'un portefeuille de titres

Titre	Nb de titres en *t*0	Cours *t*0	Cours *t*1	Cours *t*2
A	100 000	150	160	155
B	100 000	100	105	115
C	100 000	75	70	75

Un indice équipondéré considérera que la même somme est investie dans chaque titre soit :

– 2 titres A soit 2 × 150 = 300,
– 3 titres B soit 3 × 100 = 300,
– 4 titres C soit 4 × 75 = 300.

La valeur de marché du portefeuille permettant de calculer l'indice est de 900 en *t*0. On considérera que *t*0 représente la base 100.

En *t*1, la valeur de marché de l'indice sera égale à :

$$(2 \times 160) + (3 \times 105) + (4 \times 70) = 915$$

L'indice sera donc égal à : (915/900) × 100 = 101,66.

Si l'on considère maintenant qu'une augmentation de capital en numéraire est venue modifier la valeur de l'action C entre *t*0 et *t*1 et que le cours juste après l'augmentation de capital se situe à 72 francs, la valeur du portefeuille va passer de 900 à 888.

En appliquant la même formule que pour le calcul de l'indice pondéré par les prix, on aura :

$$I_t = \frac{(1/9)(888)}{1} = 98,95$$

$$Diviseur = \frac{(1/9)900}{100} = 1$$

Le diviseur avec l'opération sur titre va prendre la nouvelle valeur suivante :

$$Diviseur = \frac{(1/9)(888)}{100} = 0,9866$$

De ce fait l'indice restera stable :

$$I_t = \frac{(1/9)(888)}{0,9866} = 100$$

2.2.2. Les distributions d'actions gratuites

L'influence des distributions d'actions gratuites ou des « stock splits », sur le cours boursier est liée au problème de dilution technique : la valeur unitaire d'une action est modifiée alors que sa capitalisation boursière ne devrait pas l'être, sauf momentanément dans le cas particulier où l'assimilation des actions nouvelles n'accompagne pas le détachement du droit d'attribution.

Dans ce cas, le jour du détachement du droit, le nombre de titres est inchangé et la capitalisation de la valeur est ajustée par décapitalisation du droit.

Ce dernier n'a une valeur théorique différente que lorsque les actions nouvelles ont même jouissance que les anciennes, et peut se calculer comme suit :

$$d_t = \frac{N}{N+A} \times \left(C_{t-1} - D_n\right) \qquad [2\text{-}26]$$

où :
- N représente les nouvelles actions,
- A, le nombre d'actions anciennes,
- C_{t-1}, le dernier cours coté de la valeur,
- D_n, le dividende net annoncé par la société ou par défaut le dernier dividende versé.

Le coefficient d'ajustement, k_t peut dont être calculé comme suit :

$$k_t = 1 - \frac{\Delta CB}{CB_{t-1}} \qquad [2\text{-}27]$$

avec :
- Qt, le nombre de titres au moment du détachement,
- ΔCB représentant $(Q_t \times d_t)$,
- CB_{t-1}, la capitalisation boursière de clôture de la veille.

Lorsque les nouveaux titres seront admis à la Cote et assimilés aux anciens, le nombre de titres (Qt) sera modifié et l'opération se traitera de la même façon qu'une assimilation d'actions par capitalisation des nouveaux titres : il n'y aura donc plus de coefficient d'ajustement.

Par contre, les indices pondérés par les prix et les indices équipondérés doivent être corrigés. La modification nécessaire, pour assurer la continuité des indices équipondérés et pondérés par les prix, à la suite de distributions d'actions gratuites ou de stock splits, dépend essentiellement de la période de l'indice base. Si celle-ci est antérieure au moment de l'événement, cas le plus fréquent où l'indice 100 ou 1 000 a pour référence une année antérieure, on modifiera, de la même manière que dans les exemples ci-dessus sur les augmentations de capital en numéraire, le diviseur de façon à ne pas affecter la valeur de l'indice par l'opération envisagée. À noter que dans le cadre d'un indice équipondéré, il suffira d'intégrer le nombre de titres gratuits, c'est-à-dire de faire en sorte que le capital investi reste le même sur chaque titre pour ajuster automatiquement l'indice.

Exemple sur un indice pondéré par les prix

On peut calculer, à partir des informations du tableau 15, l'évolution de l'indice dans le cadre d'une augmentation de capital par incorporation de réserves.

TABLEAU 15
Évolution d'un portefeuille de titres avec distribution gratuite

Titre	Nb de titres en *t*0	Cours *t*0	Cours *t*0 après AK	Cours *t*1
A	100 000	150	150	160
B	100 000	100	50	51
C	100 000	75	75	70

On considérera que *t*0 représente la base 100. On suppose maintenant que le titre B a fait l'objet d'une distribution d'actions gratuites à raison d'un titre nouveau pour un titre ancien. De ce fait, la valeur de B est passée de 100 à 50 entre *t*0 et *t*0 après augmentation de capital.

Ainsi, à partir de l'exemple ci-dessus, si l'on ne modifie pas le diviseur, on peut calculer l'évolution de l'indice de *t*0 avant l'augmentation à *t*0 après l'augmentation de capital liée à la distribution d'actions gratuites, comme suit :

$$I_t = \frac{(1/3)(275)}{1,0833} = 84,61$$

$$Diviseur = \frac{(1/3)325}{100} = 1,0833$$

Le diviseur avec l'opération sur titre va prendre la nouvelle valeur suivante :

$$Diviseur = \frac{(1/3)(275)}{100} = 0,9166$$

De ce fait l'indice restera stable :

$$I_t = \frac{(1/3)(275)}{0,9166} = 100$$

Dans le cas, plus rare, d'un indice de base calculé au moment de l'opération sur le capital, on ajustera les indices antérieurs à partir du même coefficient que celui calculé pour l'ajustement des titres.

2.2.3. Les autres opérations sur le capital

Il existe d'autres opérations sur le capital qui peuvent avoir une influence sur le nombre de titres en affectant ou non le cours. On traitera ici de l'assimilation, de la réduction de capital et des opérations d'offres publiques et d'absorption. La méthodologie décrite est celle employée par la SBF.

Les assimilations

Certaines opérations vont augmenter le nombre de titres en circulation, le jour de l'admission à la Cote, sans pour autant affecter (théoriquement) le cours.

Il s'agit des admissions à la Cote de titres :

- suite à apport ou fusion absorption,
- réservés à des tiers,
- suite à des conversions d'obligations convertibles,
- suite à exercice de bons de souscription,
- suite à reconstitution ou transformation d'actions,
- suite à versements de dividendes en actions,
- suite à des levées d'options…

Les actions nouvelles sont assimilées aux anciennes et entraînent une modification de la capitalisation globale, du fait de la capitalisation des nouveaux titres.

Le coefficient d'ajustement k est alors égal à :

$$k_t = 1 + \frac{\Delta CB}{CB_{t-1}}$$

où [2-28]

$$(\Delta CB) = \left(q_t \times C_{t-1}\right)$$

avec :
– C_{t-1} qui représente le dernier cours de la valeur,
– q_t le nombre de titres nouveaux admis en date t,
– CB_{t-1} la capitalisation boursière instantanée de la veille.

Dans le cas d'assimilation, au moment du versement du dividende, de titres déjà admis sur une seconde ligne (avec jouissance décalée) générés par l'une des opérations ci-dessus, le coefficient d'ajustement est alors égal à :

$$k_t = 1 + \frac{\Delta CB}{CB_{t-1}}$$

où [2-29]

$$(\Delta CB) = \left(q_t \times \left(C_{t-1} - D_{nt}\right)\right)$$

Les réductions de capital

Elles peuvent revêtir trois formes différentes :
– soit on abaisse la valeur nominale du titre, ce qui ne devrait avoir aucun effet sur le titre ;
– soit on échange des titres et, dans ce cas, il ne devrait pas y avoir de modification de la capitalisation courante de la valeur. Il n'y a donc pas de calcul de coefficient d'ajustement à réaliser sauf, dans le cas d'indices non pondérés par la capitalisation boursière ;
– soit, enfin, par annulation d'actions, et on tombe alors dans le problème traité ci-dessus, de l'assimilation.

Les offres publiques

Deux cas peuvent se présenter : l'offre publique d'achat et l'offre publique d'échange.

Pendant la période de suspension de cotation précédant une OPA, le cours pris en compte pour le calcul de l'indice est :
– le dernier cours coté tant que l'avis de recevabilité par le Comité des Bourses de Valeurs n'est pas publié,
– le prix de l'OPA ou les prix successifs, le lendemain de la publication de l'avis de recevabilité et ce jusqu'à la reprise de cotation.

Il en est de même dans le cadre de l'OPE ou l'on publie le dernier cours coté jusqu'au moment de l'avis de recevabilité, puis la valorisation du titre offert le lendemain de la publication de cet avis et ce jusqu'à la reprise des cotations.

Les absorptions

Dans le cas d'une absorption, le problème posé est l'appartenance ou non des sociétés à l'indice :

– Si la société absorbante est dans l'indice alors que la société absorbée n'y figure pas, on se retrouve dans le cadre d'une opération d'apport sur la société absorbante déjà traitée dans le cadre de l'assimilation.

– Si les deux sociétés sont dans l'indice, il y a apport sur la société absorbante et radiation de la société absorbée.

– Si la société absorbante n'est pas dans l'indice mais l'absorbée y figure, il y a simplement radiation de la société absorbée.

*

*   *

Pour une même augmentation de cours d'une valeur, les répercussions sur l'évolution de l'indice sont différentes suivant qu'elle intervient avant ou après une opération de capital d'une autre valeur qui a entraîné une modification artificielle de sa capitalisation boursière et donné lieu à un ajustement de la capitalisation boursière de base.

L'élasticité de l'indice à l'évolution des cours des valeurs constituant l'échantillon n'est donc pas constante. Réciproquement, une même variation de l'indice n'a pas toujours la même signification. On peut donc remettre en cause la validité de ces ajustements qui font évoluer, de façon aléatoire, la structure d'agrégation de l'indice. En effet, ces ajustements introduisent un « risque d'agrégation » pour les utilisateurs. Le caractère aléatoire qui résulte des opérations de capital n'est pas supprimé mais déplacé.

D'un autre côté, on peut penser que dans le cas du calcul d'un indice pondéré par des capitalisations boursières, il est normal que l'importance de chaque valeur évolue en fonction de sa capitalisation boursière instantanée. Le caractère aléatoire de cette évolution ne peut donc être évité car l'évolution de la capitalisation boursière de chaque valeur est elle-même aléatoire.

Les principaux indices boursiers dans le monde, les contrats à terme, les contrats d'options sur indice, les swaps d'indice

La plupart des indices boursiers utilisés actuellement dans le monde sont du type « pondérés par les capitalisations boursières ». Toutefois, il existe des exceptions importantes, le Dow Jones par exemple. Aussi est-il nécessaire d'être très prudent lorsque l'on veut comparer des indices entre eux. On présentera, dans une première partie, les principaux indices mondiaux par rapport à leurs modes de calcul : capitalisation boursière, pondération par les prix et enfin équipondération. Une attention particulière sera portée aux indices français, essentiellement ceux publiés par la SBF.

Certains de ces indices jouent le rôle d'actifs sur des marchés organisés : contrats à terme ou d'options sur indice, et sur des marchés de gré à gré : swaps sur indice. La deuxième partie de ce chapitre abordera les marchés et l'utilisation des contrats à terme sur indice. La troisième partie sera consacrée aux marchés d'options sur indice. Enfin, la quatrième partie abordera le marché des swaps sur indice.

1. Les principaux indices boursiers

On distinguera, dans la présentation, les indices dont le mode de calcul est issu d'une moyenne arithmétique pondérée par la capitalisation boursière de ceux, plus rares, calculés à partir d'une moyenne géométrique ou enfin de ceux pondérés par les prix.

1.1. Les indices dont le mode de calcul est une moyenne arithmétique pondérée par la capitalisation boursière

L'objectif n'étant pas l'exhaustivité, on présentera par pays les principaux indices, tout en développant les indices publiés par la Société des Bourses Françaises (SBF).

Aux États-Unis, les indices calculés à partir d'une moyenne arithmétique sont les suivants :
– le ***S & P 500*** (Standard and Poor's Composite Index of 500 Stocks), qui est composé de 500 actions, négociées surtout sur le NYSE (New York Stock Exchange), avec quelques actions de l'Amex. Ces 500 actions se répartissent de la manière suivante : 400 proviennent du secteur industriel, 60 des secteurs des transports et des services publics, et 40 du secteur financier. Cet indice, calculé toutes les 15 secondes, représente environ 80 % de la capitalisation boursière de toutes les actions négociées sur le NYSE. Il est calculé à partir d'une moyenne arithmétique pondérée par les capitalisations boursières (sans prise en compte des dividendes). Sa base de référence est de 10 en 1943. Cet indice, considéré comme l'indice de référence, fait l'objet de marché sur le CBOE (Chicago Board Options Exchange) et au CME ;
– le ***S & P 100*** qui contient 100 actions du S & P 500, pour lesquelles les options sont négociées sur le Chicago Board Options Exchange et sur le CME. Il est calculé à partir d'une moyenne arithmétique pondérée par les capitalisations boursières (sans prise en compte des dividendes). Sa base de référence est de 100 le 2/01/1976 ;
– le ***New York Stock Exchange Composite Index*** qui reprend toutes les actions du NYSE, soit plus de 1 700 titres, qui sont regroupées dans cinquante classifications ;
– le ***NASDAQ-OTC Price Index*** qui représente un indice composé de l'ensemble des valeurs traitées sur le marché de gré à gré et cotées sur le système automatique de la « National Association of Securities Dealers ». Cet indice, de capitalisation boursière, se subdivise en six indices sectoriels ;
– le ***Wilshire 5000 Equity Index***, qui est le plus large de tous les indices, puisqu'il comprend toutes les actions cotées du NYSE, de l'Amex et de l'OTC.

Au Japon, les indices suivants :
– l'indice ***Topix*** qui comprend l'ensemble des titres de la première section du marché de Tokyo (environ 1 250). Il

est calculé à partir d'une moyenne arithmétique pondérée par les capitalisations boursières (sans prise en compte des dividendes). Sa base de référence est de 100 le 04/01/1968. Il se subdivise en 32 sous-indices représentant les secteurs industriels et 3 indices regroupant les sociétés en fonction du nombre d'actions cotées. Ces sous-indices sont calculés et diffusés six fois par jour ;
– l'indice ***Nikkei 300***, qui comprend 300 titres de la première section du marché de Tokyo. Lancé en octobre 1993, c'est un indice pondéré par les capitalisations boursières qui sert de support à des contrats à terme et d'options négociés sur la Bourse d'Osaka.

Au Royaume-Uni, les principaux indices du « Financial Times » suivants :
– le ***FTSE 100 (ou FOOTSIE)*** composé de 100 actions du London Stock Exchange (LSE), dont la fréquence de calcul est toutes les 60 secondes. Il est calculé à partir d'une moyenne arithmétique pondérée par les capitalisations boursières (sans prise en compte des dividendes). Sa base de référence est de 1 000 le 30/01/1983. Il est coté au LIFFE et sur le LTOM, aujourd'hui unifiés ;
– le ***FT-SE Actuaries MID 350***, lancé le 12 octobre 1992 ; il est composé du Footsie et du Mid 250 ;
– l'indice ***FTSE Actuaries All Share,*** composé d'environ 600 valeurs du LSE, dont la capitalisation est supérieure à quatre millions de livres. Son calcul est réalisé en temps réel à partir d'une moyenne arithmétique pondérée par les capitalisations boursières (sans prise en compte des dividendes). Sa base de référence est de 100 le 10/04/1962. Il se compose d'une trentaine d'indices sectoriels.

D'autres indices sont à mentionner : le ***FT-SE 30***, le ***FT-SE Mid 250***, et le ***FT-SE Small Cap index***, lancé le 4 janvier 1993 et composé d'environ 500 valeurs de petites sociétés (capitalisations inférieures à 150 millions de livres).

Deux autres indices appelés à connaître un développement important sont cotés sur la Bourse de Londres : il s'agit du ***FT-SE Eurotrak 100*** et du ***FT-SE Eurotrak 200*** : l'indice FT-SE Eurotrak 100, lancé le 29/10/1990, coté à Londres, est exprimé en deutschemark. Il est composé de 100 valeurs cotées sur 11 bourses européennes, à partir d'une pondération et d'un panier qui sont révisés trimestriellement. Cet indice, calculé en temps réel, sert de support à des contrats d'options sur le London Traded

Options Market (LTOM) et le Chicago Board Options Exchange (CBOE) et sur un contrat à terme sur le Liffe.

L'indice ***FT-SE Eurotrak 200***, lancé le 25 février 1991, est libellé en écu. Il est composé de 200 valeurs européennes négociées sur la bourse de Londres.

En Allemagne, où une fusion des activités de base des bourses de Francfort (qui représente à elle seule 75 % des transactions boursières), Munich, Berlin et Dusseldorf est envisagée en 1996, on trouve les indices suivants :
– l'indice ***DAX,*** comprenant 30 « blue chips » sélectionnées à partir des capitalisations boursières et des volumes. À la différence des autres indices, il est ajusté pour tenir compte des dividendes versés par les sociétés qui le composent. Il est calculé en continu. Sa base est 1 000 fin 1987. Le groupe d'assurance Allianz, plus forte capitalisation de l'indice DAX, pesait, au 30/11/1995, 32 fois plus lourd que la plus faible capitalisation du DAX, Continental. Cet indice sert de support aux marchés dérivés du Deutsche Terminbörse ;
– l'indice ***DAX 100***, lancé le 11 avril 1994, est composé de 100 actions cotées en continu. Cet indice, calculé à partir des capitalisations boursières, a la particularité de réintégrer le montant des dividendes. Il est diffusé en temps réel. Ces deux indices sont complétés par l'indice composite DAX des 327 valeurs cotées sur le premier marché ;
– l'indice ***FAZ*** comprenant les 100 plus grosses valeurs de la cote. Il est calculé à partir d'une moyenne arithmétique pondérée par les capitalisations boursières. Sa base de référence est de 100 le 31/12/1968.

Parmi les **autres indices** calculés à partir de la capitalisation boursière, on peut citer[1] :
– le ***BEL 20***, indice de la bourse de Bruxelles, composé de 20 valeurs cotées sur le marché à terme. Il a été lancé le 18 mars 1991 et est calculé en temps réel. Cet indice sert de support à des contrats à terme et d'options sur le Belfox ;

1. La liste n'est pas exhaustive : on peut encore mentionner le MICEX (Russie), le KSE 100 (Karachi), le KOSPI 200 (Corée), le KLSE Composite Index (Kuala Lumpur), IBV index (Rio de Janeiro), le HEX (Helsinki), le Mishtanim (Tel Aviv), le MSEPI (Mexico), le Oslo Bors Total Index (Oslo), PX 50 (Prague), SBI (Ljubljana), SES (Singapour), SET (Bangkok), Shares return index (Luxembourg), SX Index (Stockholm), TEPIX (Téhéran), 300 Common Stock index (Osaka), TSE 100 et 300 (Toronto), Value Index (Buenos Aires), WIG, WIG 20 et WIRR (Varsovie).

– le ***Hang-Seng***, indice de la bourse de Hong Kong, calculé à partir de 33 actions ;
– l'***ATX*** (Austrian Traded Index), calculé à partir d'une vingtaine de valeurs cotées à Vienne, qui a été lancé en mai 1991. Cet indice fait l'objet de support à des contrats à terme et d'options négociés sur l'Otob ;
– l'***IBEX 35***, qui est un indice boursier de quatre places espagnoles (Madrid, Barcelone, Bilbao et Valence). Il est composé de 35 valeurs, calculé et diffusé en temps réel. Il sert de support à des contrats à terme et d'options sur le marché de Madrid ;
– le ***Madrid General Index***, composé de 98 actions représentant 9 secteurs d'activité et le ***Madrid Total Index*** qui est le même indice mais avec réintégration des dividendes ;
– l'***ASX 100***, qui est un indice des différentes bourses australiennes, établi à partir de 100 valeurs ;
– l'***IBV index***, composé des 62 premières valeurs de la bourse de Rio de Janeiro ;
– l'***Amsterdam EOE index*** (AEX), composé de 25 valeurs représentant entre 70 et 80 % de la bourse d'Amsterdam, et qui a été lancé en janvier 1994 ; à côté de cet indice, on trouve également le ***CBS all Share index***, qui est calculé à partir de toutes les actions ordinaires cotées sur cette bourse ;
– le ***BVL Général Index***, calculé à partir de toutes les valeurs cotées à la bourse de Lisbonne ;
– le ***JSE***, calculé à partir de 140 valeurs de la bourse de Johannesburg ;
– le ***I-SENN***, qui est un indice boursier calculé à partir de 50 valeurs de 8 bourses Brésiliennes (à l'exception de Sao Paulo) ;
– le ***MIB 30,*** établi à partir des trente premières valeurs en terme de capitalisation de la bourse de Milan et le ***Milan MIB*** calculé à partir de toutes les actions cotées sur la bourse de Milan ;
– le ***Peregrine ASIA 100***, lancé le 24 octobre 1991 et composé d'environ 120 actions sur les bourse de Corée, Hong Kong, Malaisie, Singapour, Taiwan et Thaïlande ;
– le ***NZSE 40***, calculé à partir des quarante valeurs les plus importantes de la Nouvelle-Zélande.

On peut également mentionner l'indice ***Eurotop 100***, libellé en écu, sur la place d'Amsterdam ; il est établi à partir de 100 valeurs de 9 pays européens. Il sert à des supports de contrats à terme (sur le Financial Futures Market

Amsterdam) et d'options (sur l'European Options Exchange).

1.2. Les principaux indices publiés par la SBF

On distingue l'indice SBF 250, l'indice SBF 120, les indices sectoriels, l'indice du second marché, les indicateurs de tendance, l'indice CAC 40 et le MIDCAC. Du fait de la nécessité de ne définir qu'un seul secteur d'activité pour entreprises diversifiées d'une part et de l'obligation de proposer une sectorisation cohérente avec la précédente, la nomenclature des sociétés françaises inscrites à la cote officielle et au second marché a été réaménagée en 1993.

L'affectation des entreprises évoluant dans différents secteurs d'activité a été opérée à partir de la répartition du chiffre d'affaires consolidé, complétée éventuellement de la contribution au bénéfice net consolidé, tandis qu'étaient classées comme holdings les sociétés qui disposent d'un portefeuille de participations majoritaires ou minoritaires avec un contrôle de fait et les entreprises dont l'actif est constitué d'un nombre limité de participations voire d'une seule participation détenue majoritairement ou contrôlée de fait.

La nouvelle nomenclature présente une architecture à trois niveaux composée de 3 grands secteurs regroupés à partir de 12 secteurs économiques eux-mêmes formés de 39 secteurs d'activité (annexe 3).

1.2.1. Les indices sectoriels

Comme le montrent le tableau 1 et la nomenclature SBF reprise en annexe, douze indices sectoriels, avec une base 1000 au 31/12/1990, sont publiés quotidiennement par la SBF. L'indice des valeurs industrielles regroupe les secteurs de 1 à 7, celui des services de 8 à 9 et celui des sociétés financières de 10 à 12.

1.2.2. L'indice du second marché.

Un indice spécifique au second marché est calculé quotidiennement mais diffusé chaque semaine. Il a pour base 100 au 28 décembre 1984. Il est calculé sur la base des cours d'ouverture. Très peu utilisé, on lui préfère généralement l'indice second marché de l'AGEFI dont l'échan-

TABLEAU 1

Indices des grands secteurs économiques

Indices des grands secteurs économiques	10/08/1995
Valeurs industrielles	**1 477,17**
1 Énergie	1 437,69
2 Produits de base	1 395,74
3 Construction	1 586,26
4 Biens d'équipements	1 113,44
5 Automobile	1 861,56
6 Autres biens de consommation	1 948,52
7 Industrie Agro-alimentaire	1 393,79
Services	**1 309,91**
8 Distribution	2 121,47
9 Autres services	976,81
Société Financières	**978,62**
10 Immobilier	683,35
11 Services financiers	1 019,21
12 Sociétés d'investissement	1 100,82

Source : *La Tribune Desfossés* du 11 août 1995 (extraits).

tillonnage et l'agrégation donnent moins de poids aux variations erratiques de certaines valeurs.

La bourse de Paris lancera en septembre 1996 un indice du second marché rénové, autonome qui mettra en valeur le dynamisme de ce compartiment. Pour offrir aux investisseurs un instrument de mesure fiable, cet indice exclura de son échantillon les plus fortes (3 %) et les plus faibles (0,07 %) capitalisations de mêmes que celles dont la fréquence de cotation est inférieure à 175 jours. Cet indice sera à géométrie variable (c'est-à-dire qu'il dépendra du développement du marché).

1.2.3. Les indicateurs de tendance

Ils ont pour objet de donner les caractéristiques d'une journée de cotation et se partagent en : ouverture, séance, liquidation et indice ; alors que les trois premiers indiquent une variation, le dernier est un indice complet.

On aura par exemple : ouverture + 0,35 %, séance + 0,18 %, liquidation – 0,26 %, indice 103,1.

D'autres indicateurs, utiles aux opérateurs, sont publiés et permettent d'analyser d'où vient l'évolution des indices.

Il s'agit essentiellement :
– du nombre de valeurs en hausse et en baisse par rapport à la veille, assorti de la moyenne des variations de cours de ces valeurs en % par rapport au cours de clôture de la veille,
– du nombre de valeurs inchangées,
– du nombre de valeurs réservées et/ou suspendues pendant toute la journée,
– du nombre de valeurs non cotées,
– du nombre de valeurs total de l'échantillon, assorti de variation arithmétique des cours de toutes les valeurs en %.

Ces indicateurs permettent, en fait, de savoir si l'évolution de l'indice est le fait de l'ensemble des valeurs ou des seules « Blue-chips ».

Quatre indices vont être présentés plus en détail : l'indice CAC 40, le SBF 120, le SBF 250 et le MIDCAC. Les trois premiers indices répondent à la logique d'emboîtement des indices de la SBF ; le SBF 250 comprend les 120 valeurs du SBF 120 qui lui même contient les 40 valeurs du CAC 40. Par contre le MIDCAC est un indice « transversal » dans lequel figurent des titres appartenant au SBF 120 et au SBF 250 mais également des titres qui ne figuraient dans aucun indice jusqu'à présent.

1.2.4. L'indice CAC 40

L'indice CAC 40, principal indice de référence de la Bourse de Paris, calculé par la Société des Bourses Françaises est, de par sa représentativité, un portefeuille de référence dont les variations de cours sont en forte corrélation avec celles de l'ensemble de la cote. L'indice CAC 40 a été créé en juin 1988.

Il concilie deux objectifs :
– comporter un nombre suffisant de valeurs pour assurer une représentativité du tissu économique,
– disposer d'un échantillon de valeurs en nombre assez limité pour faciliter les opérations d'arbitrage et de couverture sur ces valeurs.

Les valeurs composant l'indice sont sélectionnées parmi les 100 premières capitalisations boursières du marché au règlement mensuel et ont la particularité d'avoir :
– un flottant suffisamment large (autour de 65 %). Les valeurs sont également sélectionnées de manière à obtenir une bonne représentation de l'activité économique telle

que la décrit la cote officielle et pour assurer leur présence dans le plus grand nombre de portefeuilles institutionnels ou privés ;
– un volume de transactions effectuées représentant plus de 60 % des transactions sur l'ensemble des actions françaises.

Mode de calcul

L'indice CAC 40 donne la variation moyenne des cours des valeurs de l'échantillon, pondérée par la capitalisation boursière de chaque valeur sur la base 1 000 au 31/12/1987.

La valeur calculée de l'indice est telle que :

$$I = 1\,000 \times \frac{\text{Somme des capitalisations instantanées des valeurs}}{\text{Capitalisation de base ajustée des valeurs}}$$

Les opérations effectuées sur les valeurs de l'échantillon ou les opérations sur titres, telles que les attributions d'actions gratuites, les émissions en numéraire, modifient la valeur instantanée de l'indice lors de leur prise en compte. Afin de préserver la continuité de l'indice, un ajustement, tel que décrit au chapitre précédent, est effectué à l'aide d'un coefficient global qui permet de satisfaire l'égalité entre l'indice jour et l'indice veille en supposant les cours inchangés entre les deux dates.

L'indice est calculé en temps réel et diffusé en continu selon une périodicité de 30 secondes. Le CAC 40 sert de support à des contrats cotés sur le MATIF (Marché à Terme International de France) et sur le MONEP (Marché des options négociables de Paris).

1.2.5. L'indice SBF 120

L'indice SBF 120 rassemble les 120 valeurs les plus représentatives (parmi les deux cents premières capitalisations) de la cote des actions françaises en terme de liquidité, soit les 40 valeurs du CAC 40 auxquelles s'ajoutent 80 valeurs françaises inscrites au marché officiel ou au second marché et cotées en continu. Ce sont les valeurs, représentatives du tissu économique français, qui sont les plus suivies par les cabinets d'analyse et les gestionnaires de fonds.

Les critères de sélection du SBF 120 sont au nombre de quatre, deux concernant une mesure de la liquidité, un donnant une approche objective du capital « flottant » des valeurs et enfin un indiquant le renouvellement de l'offre et de la demande.

En ce qui concerne la mesure de la liquidité, les critères sont :

– le montant des capitaux échangés,
– le nombre de transactions quotidiennes.

Pour ce qui est de la mesure de l'activité à la taille des valeurs, le critère est le taux de rotation quotidien.

Enfin le critère de la fourchette moyenne, c'est-à-dire l'écart en pourcentage entre la meilleure offre et la meilleure demande, permet d'indiquer le renouvellement de l'offre et de la demande.

Comme le mentionne la SBF dans sa méthodologie, « ces calculs sont effectués sur douze mois précédant la tenue du conseil scientifique, en médiane pour les 3 premiers critères afin d'éviter que le surcroît de l'activité, dû à des opérations exceptionnelles, ne perturbe les mesures. La fourchette est calculée en moyenne. Toutes les valeurs sont rangées dans l'ordre décroissant des trois premiers critères et dans l'ordre croissant du dernier. La moyenne des rangs ainsi obtenue constitue la note attribuée à chaque valeur. Seules les 150 premières valeurs de ce classement sont retenues. Sont alors éliminées de cette sélection les valeurs dont la capitalisation boursière est au-delà du 200e rang, aboutissant ainsi à une population d'environ 130 valeurs, dans laquelle le conseil scientifique choisit les 120 valeurs requises de l'échantillon ».

Mode de calcul

Il est identique à celui de l'indice CAC 40 ou SBF 250 dont on étudiera les modalités plus avant.

Une première mesure de l'évolution des cours est calculée sans tenir compte des détachements des dividendes. Cette mesure est dite « indice nu ».

La valeur de l'indice nu est égale à :

$$\text{indice} = 1\,000 \times \frac{\text{Somme des capitalisations quotidiennes des valeurs}}{\text{K} \times \text{Capitalisation de base au 31/12/1990}}$$

K représente le coefficient d'ajustement de la base, dû aux admissions, radiations et opérations sur le capital.

Par contre, pour s'adapter aux besoins de la gestion de portefeuille, un calcul de rentabilité nette et globale est réalisé en intégrant les dividendes nets globaux (dividende net + avoir fiscal), le jour de détachement d'un coupon pour une des valeurs composant l'indice.

L'indice SBF 120 est calculé en continu toutes les 30 secondes de 10 heures à 17 heures.

1.2.6. L'indice SBF 250

Le SBF 250, qui remplace le CAC 240, est un indice composé de 250 valeurs françaises inscrites au marché officiel et au second marché. Il bénéficie de la nouvelle nomenclature sectorielle, composée de 12 grands secteurs économiques et aux 3 grands secteurs traditionnels : valeurs industrielles, services et sociétés financières. Il permet de mesurer, sur le long terme, la performance des actions françaises qu'il s'agisse de la performance globale ou de la performance de chacun des secteurs économiques.

Dans sa sélection de l'échantillonnage des valeurs, l'objectif du conseil scientifique a été la représentativité en capitalisation boursière de chacun des 12 secteurs économiques. Pour ajuster cette représentativité, tous les ans les valeurs sont classées par capitalisation boursière décroissante dans chacun des 12 secteurs et l'échantillonnage est opéré de façon à ce que tous les secteurs aient un même niveau de représentativité. Cette modification (éventuelle) de l'échantillonnage n'est réalisée qu'une fois par an et ce afin de maintenir la stabilité de l'indice. Par contre, tous les trimestres sont remplacées les valeurs radiées ou absorbées par la valeur suivante dans le même secteur d'activité économique.

L'indice SBF 250 correspond à la réforme complète de l'indice général des actions françaises dont la création remontait à la fin 1981.

Son mode de calcul est le suivant :

$$\text{indice} = 1\ 000 \times \frac{\text{Somme des capitalisations quotidiennes des valeurs}}{\text{K} \times \text{Capitalisation de base au 31/12/1990}}$$

L'indice SBF est calculé sur la base des cours d'ouverture et de clôture de la séance. Le premier « top horaire » du cours d'ouverture est fixé habituellement à 11 h 40, si le poids des valeurs cotées est supérieur à 65 % de l'ensemble de la capitalisation de l'indice de référence. Si, à 11 h 40, le seuil de 65 % n'est pas atteint, on déplace le « top horaire » en cours de séance. Un éclaireur informe alors le marché avec les indicateurs de tendance.

En fin de séance, deux indices sont diffusés : l'indice d'ouverture prenant en compte les cours d'ouverture postérieurs à 11 h 40 et l'indice de clôture.

1.2.7. L'indice MIDCAC

L'indice MIDCAC, complément de la gamme des indices de la Société des Bourses Françaises (SBF), a comme objectif d'offrir aux gestionnaires de fonds « valeurs moyennes » une base de référence pour l'appréciation de leurs performances.

Cet indice est très important car la France accusait un retard important concernant les indices de valeurs moyennes. Le MIDCAC va venir s'insérer dans la liste des indices anglo-saxons parmi lesquels on peut citer :
– pour les États-Unis, les indices ***Russel 2000, Russel 2500, Next 1750, Standard and Poor's Mid-cap 400, 101 + et 201 +***,
– pour la City, le ***FT SE Small Caps, le Hoare Goat 1000, le Gartmore Micro-cap, le FT-SE Actuaries Fledging Index***.

Contrairement aux autres indices, CAC 40, SBF 120, SBF 250 qui, comme on l'a vu précédemment, s'emboîtent les uns dans les autres, le MIDCAC, composé de 100 titres représentatifs des valeurs moyennes cotées à la Bourse de Paris, est un indice « transversal » dans lequel figurent des titres appartenant au SBF 120 et au SBF 250 mais également des titres qui ne figuraient dans aucun indice jusqu'à présent. Les capitalisations de ces sociétés s'échelonnaient, fin 1995, de 114 millions de francs à 3,2 milliards de francs.

Calculé à partir d'une base 1000 au 31/12/1990, l'indice MIDCAC est diffusé deux fois par jour, à l'ouverture et la clôture du marché.

Les 100 titres du MIDCAC ont été choisis, dans un premier temps, sur la base de deux critères :
– leur rang dans le classement des capitalisations boursières des actions cotées sur le marché officiel et sur le second marché : les 20 % des sociétés présentant les capitalisations boursières les plus importantes ont été écartées de même que les 20 % des titres représentant les capitalisations les plus faibles ;

– leur taux de cotation (rapport entre le nombre de jours où la valeur est effectivement cotée et le nombre de jours de bourse sur une année), les valeurs ayant un taux de cotation inférieur à 70 % ont été éliminées. Autrement dit, les titres doivent faire l'objet de cotations au moins 175 jours sur les 250 séances annuelles.

Dans un deuxième temps, les valeurs de la population cible ont été réparties en six groupes de capitalisations décroissants, chaque groupe représentant 1/6 du total de la capitalisation boursière de la population cible. Dans chaque groupe ont été retenues un certain nombre de valeurs (en fonction de leurs performances en terme de liquidité), de telle manière que les valeurs retenues au titre d'un groupe représentent environ 1/6 de la capitalisation boursière totale des valeurs retenues dans l'échantillon.

Les performances de ces différents indices

De par l'échantillonnage et la représentativité, les performances des différents indices sont, comme le montre le tableau 2, inégales, bien que l'on retrouve l'emboîtement des performances entre le CAC 40, le SBF 120 et 250.

TABLEAU 2

Évolution des différents indices SBF, sur 3 années.

	1992	**1993**	**1994**	**1995 (1er trimestre)**
CAC 40	+ 8 %	+ 23 %	– 17 %	– 1 %
SBF 120	+ 7 %	+ 31 %	– 18 %	– 2 %
SBF 250	+ 4 %	+ 33 %	– 17 %	– 2 %
MIDCAC	– 9 %	+ 42 %	– 5 %	– 4 %

Source : le MIDCAC, Ferri.

1.2.8. Les indices privés

Les indices privés sont très nombreux (pratiquement toutes les grandes banques et sociétés financières en publient) et il n'est pas dans l'objectif de ce chapitre de les développer, bien qu'ils soient publiés quotidiennement et fassent quelquefois l'objet de marché. On peut citer, à titre d'exemple, en France, la société AGEFI qui publie, tous les jours, un indice composé de tous les titres cotés ainsi qu'un indice par secteur et enfin l'indice du second marché. Ce dernier est plus utilisé que l'indice SBF.

Autre exemple, le Financial Times publie quotidiennement en France, tableau 3, une batterie d'indices parmi lesquels on trouve le FT France, le FT Europe et le FT Monde. Ces indices ont la particularité, comme le montre le tableau 3, d'être calculés et présentés en plusieurs devises.

TABLEAU 3

Indices en différentes devises

Indices	17/08/95	16/08/95	Écart %	Variations sur 5 dernières Bourses
F.T France	144,10 FF	144,37 FF	– 0,19	+ 0,85
	189,75 $	190,50$	– 0,39	– 1,53
F.T Europe	1428,35 FF	1424,23 FF	+ 0,29	+ 1,38
	165,25 écus	165,23 écus	+ 0,01	+ 0,98
F.T Monde	189,49 $	190,30	– 0,43	– 0,21
	965,07 FF	962,73 FF	+ 0,24	+ 4,31

Source : *Financial Times* (extraits).

1.3. Les indices calculés à partir d'une moyenne géométrique

Le principal indice mondial calculé à partir d'une moyenne géométrique est le ***Value Line***.

Il est composé de plus de 1700 actions du NYSE et de l'AMEX. Il est calculé à partir d'une moyenne géométrique non pondérée, sans prise en compte des dividendes. Sa base de référence est de 100 le 30/06/1961. Il fait l'objet de cotation sur le KCBOT et sur le PHLX.

1.4. Les indices pondérés par les prix

Aux États Unis, on trouve notamment :

• L'indice ***Dow Jones Industrial Average*** (DJIA), composé de 30 valeurs du secteur industriel. Créé en 1884, il a comme base 100 $ en 1928. Sa représentativité est souvent mise en cause bien qu'il soit toujours un élément informationnel important. Il est calculé toutes les 30 secondes. Il est sans doute l'exemple d'indice pondéré par les prix le plus communiqué.

Indépendamment de son mode de calcul et malgré sa très forte notoriété, l'indice Dow Jones fournit une information biaisée sur la performance du NYSE.

Son imperfection tient à la taille réduite (le DJIA ne comprend que 30 titres, tous émis par les plus importantes sociétés industrielles américaines) de l'échantillon qui le constitue (et bien sûr la méthode de calcul utilisée). Par ailleurs, comme le montre la cotation ci-dessous, tableau 4, la société Dow Jones diffuse des indices sectoriels : transports (20 actions), services publics ou *utilities* (15 actions) de même qu'un indice dit « composite » regroupant les actions du DJIA, de l'indice des transports et celui des *utilities.*

TABLEAU 4
Indices sectoriels Dow Jones

	High	**Low**	**Close**
Thirty industrials	4 618,30	4 552,80	4 580,62
Twenty transportation	1 906,92	1 883,27	1 894,17
Fifteen utilities	202,27	200,76	202,28
Sixty five stocks	1 562,09	1 541,23	1 550,77

Source : *Herald Tribune Europe*, Thursday, 24 August, 1995.

• Le ***Major Market Index*** (MMI), créé par le Chicago Board of Trade pour servir de support à des futures à la suite du refus de la société Dow Jones de laisser son indice remplir ce rôle, est composé de 20 titres, dont 17 appartiennent au DJIA. Son objectif étant de reproduire les mouvements du Dow Jones (sa corrélation est de l'ordre de 97 %), sa représentativité est également mise en cause, bien qu'il soit l'un des baromètres de la bourse américaine.

Au Japon :

• L'indice ***Nikkei Stock Average*** (ou Nikkei Dow Jones) qui comporte 225 actions sélectionnées sur le Kabutocho. Sa référence de base est 176,21 le 16 mai 1949.

Autres indices pondérés par les prix.

On peut citer notamment le ***NZSE Gross index*** qui est un indice de la bourse de Nouvelle-Zélande, calculé à partir des valeurs industrielles.

1.5. Les indices équipondérés

Le principal indice calculé selon la méthode de l'équipondération est l'indice américain « Value Line » déjà décrit dans les indices géométriques. Il représente plus de

1 700 valeurs, cotées au New York Stock Exchange et sur l'AMEX et sa base est 100 au 30 juin 1961.

1.6. Les autres indices : les indices mondiaux et les indices obligataires

De nombreuses sociétés privés et banques publient des indices mondiaux qui peuvent faire l'objet de marché. On peut citer par exemple Morgan Stanley et Goldman Sachs qui publient respectivement le « Morgan Stanley Capital International Stock Market » (MSCI) et le FT Actuaries World Index.

TABLEAU 5

Cotation de l'indice MSCI au 16 Août 1995

Bourse	Indice	Valeur au 16/08/95	Extrêmes + haut	Extrêmes + bas
Monde	Morgan Stanley	681,6	701,68	596,21

Le MSCI est calculé, comme le montre le tableau 6, à partir d'une pondération des poids relatifs des différentes bourses mondiales.

Les indices obligataires

L'évolution du marché obligataire sur toutes les principales places mondiales fait l'objet de calcul d'indices de taux pour les principales catégories d'emprunt : fonds d'état, emprunts du secteur public, autres emprunts. Ils permettent d'apprécier l'évolution du marché sur les divers compartiments qui le composent.

Bien que cela dépasse l'objet de cet ouvrage, on peut citer pour exemple, en France les indices ***CNO***, qui sont regroupés en un indice général représentatif de l'ensemble du marché obligataire publié tous les jours, en Allemagne ***le REX***, composé de 30 obligations notionnelles émises par l'État et le ***REXP*** qui prend en compte les revenus d'intérêts.

2. Les contrats à terme d'indice

Les marchés à terme actuels, quelle que soit leur nature, ont tous pour origine les marchés à terme de matières premières. Les opérations réalisées sur ces marchés consis-

TABLEAU 6

Pondération des bourses mondiales dans le MSCI

Pays	Poids dans l'indice MSCI
Allemagne	3,9 %
Australie	1,5 %
Autriche	0,2 %
Belgique	0,7 %
Canada	2,2 %
Danemark	0,5 %
Espagne	0,9 %
États-Unis	38 %
Finlande	0,3 %
France	3,8 %
Hong Kong	1,8 %
Irlande	0,2 %
Italie	1,2 %
Japon	26,3 %
Malaisie	1,4 %
Norvège	0,2 %
Nouvelle-Zélande	0,2 %
Pays-Bas	2,3 %
Suède	1 %
Suisse	3 %
Royaume-Uni	9,7 %
Singapour	0,7 %

Source : *Investir Magazine*, n°1117, p. 56.

taient à acheter ou vendre des contrats et non les matières premières elles mêmes. Ils s'étaient rapidement spécialisés en tant qu'instruments de couverture contre le risque d'évolution du prix des matières premières faisant l'objet du contrat.

En effet, sur ces marchés, au terme choisi, les contractants ont la possibilité :
– soit d'exécuter le contrat, le vendeur devant livrer les marchandises à l'acheteur qui doit les lui payer,
– soit d'annuler le contrat par une opération de sens inverse (réalisée avec un tiers). Cette possibilité, largement utilisée, conduit à dénouer les transactions simplement par la prise en compte des soldes. La stratégie d'adaptation à une hausse du prix consiste à acheter un contrat pour le revendre plus cher à l'échéance.

La condition d'existence d'un marché à terme nécessite que les cours des produits pris en considération soient suffisamment fluctuants pour faire courir un risque de perte, ou un gain spéculatif, substantiel aux différentes parties. Or les conditions économiques ont souvent permis la fluctuation du cours des produits financiers qu'on va trouver à la base de la gestion du risque. C'est essentiellement la volatilité importante des taux d'intérêt jointe aux différents chocs pétroliers et à la suppression de la convertibilité du dollar en or qui va conduire à la multiplication des marchés à terme d'instruments financiers.

2.1. Définition et fonctionnement

Le contrat à terme sur indice est un engagement à terme, donc futur, sur un sous-jacent, ici un indice boursier (l'indice CAC 40 par exemple). L'acheteur du contrat s'engage à acheter l'indice sous-jacent à une date prédéterminée, l'échéance et à un prix déterminé, le prix du cours du contrat.

Acheter ou vendre l'indice ne veut absolument pas dire acheter ou vendre physiquement les valeurs entrant dans sa composition. À l'échéance, l'acheteur ou le vendeur encaissera ou versera la différence entre le niveau de l'indice convenu par le contrat et le niveau effectivement atteint par l'indice. La situation du vendeur est symétrique à celle de l'acheteur. L'un gagne ce que l'autre perd.

2.2. Un exemple : le contrat à terme CAC 40

Le contrat à terme CAC 40 est un contrat sur l'indice CAC 40 dont les caractéristiques sont reprises dans le tableau 7.

Ainsi, comme le montre le tableau 8, dans le cadre d'un contrat à terme CAC 40, l'acheteur le 01/06/95 d'un contrat CAC 40 juin 95, à un cours de 1 956, s'engage à verser au vendeur l'écart entre le cours de liquidation le 30 juin, dernier jour de négociation du contrat, et le cours d'achat (1956), multiplié par 200 FF si cet écart est négatif. Le vendeur s'engage à verser cette différence à l'acheteur si cet écart est positif.

Les contrats sont standardisés aussi bien en ce qui concerne les échéances (trois mois suivants et une

TABLEAU 7

Caractéristiques du contrat sur CAC 40

Taille du contrat	200 fois la valeur de l'indice coté à terme
Sous-jacent	Indice CAC 40
Échéances	3 mois rapprochés et échéance trimestrielle
Mode de cotation	Indice (à 1 décimale)
Échelon de cotation	0,5 point d'indice, soit 100 F
Limites de prix journalières	+/– 120 points d'indice par rapport au cours de compensation de la veille
Heure de négociation	10 h 00 à 17 h 00
Dernier jour de cotation	Dernier jour de bourse du mois d'échéance
Dépôt de garantie	Normal : 30 000 F Straddle : 12 000 F
Livraison	Règlement en espèces

TABLEAU 8

Cotation du contrat CAC 40

Échéance	**Premier**	**Plus haut**	**Plus bas**	**Dernier**	**Compensation**	**Volume**
Juin 1995	1 954	1 956	1 938	1 946	1 946	19 944
Juillet 1995	1 954	1 954	1 947,5	1 947,5	1 948	527

Source : Les Échos, 01.06.1995, p. 41.

échéance trimestrielle) qu'en ce qui concerne les quantités : la valeur d'un contrat à terme correspond à 200 fois la valeur de l'indice.

Dans notre exemple, on constate qu'aucune transaction n'a eu lieu sur les contrats Août et Septembre 1995. Deux échéances seulement font l'objet de marché : juin et juillet 1995. La valeur d'un contrat CAC 40 juin 95 à un cours de 1956 est égale à $1956 \times 200 = 391\ 200$.

Le contrat à terme est coté avec une seule décimale : au plus bas, le contrat à terme juillet 1995 cotait 1 947,5. L'échelon de cotation, ou l'écart minimum entre deux cotations, est de 0,5 point d'indice soit : $0{,}5 \times 200$ F = 100 F.

Le contrat à terme est négociable à tout moment avant l'échéance : le vendeur peut racheter, l'acheteur revendre. Les positions sont soldées à la fin de chaque séance. Des appels de marge sont donc calculés quotidiennement. Les dépôts de garantie, correspondant aux contrats dont la bonne exécution a été constatée, sont restitués par MATIF SA le premier jour suivant la clôture de l'échéance. Que l'on dénoue le contrat à l'échéance ou avant, on ne sera donc débité ou crédité que de la marge du jour égale à la différence entre le prix de son contrat et le prix atteint par les contrats de même échéance à la fin de la séance. L'ouverture d'une échéance a lieu le premier jour de bourse suivant la clôture de l'échéance précédente.

2.3. Prix du contrat et arbitrage

On peut avant tout rappeler que l'arbitrage est une réaction à la volatilité et non pas sa source, dans la mesure où il exige une même quantité simultanée d'achat et de vente d'actions et de futures. Il n'est pas l'objet de ce livre de traiter des problèmes d'arbitrage. Il est toutefois important de noter que la relation entre le cours du contrat CAC 40 et la valeur de l'indice est le fait de stratégies d'arbitrage soit de type « cash and carry » soit de type « reverse cash and carry ».

Le « cash and carry » consiste à doubler une position acheteuse sur le marché au comptant par une prise de position en sens inverse sur le marché à terme. De ce fait, un achat au comptant est équilibré par une vente à terme. Le « reverse cash and carry » est une opération d'arbitrage inverse du « cash and carry » qui consiste à vendre des titres au comptant et à les racheter à terme.

Comme on l'a vu au chapitre I, pendant la séance, l'indice est un prix au comptant calculé régulièrement. C'est donc un simple calcul mathématique sur l'évolution des valeurs composant l'indice. Il ne s'agit donc pas d'une cotation. Par contre, les contrats affichent un cours, fruit d'une cotation. Plus leur échéance est éloignée, plus ils devraient avoir un cours supérieur à l'indice au comptant. La relation théorique entre le cours du future et le niveau de l'indice prend en compte les avantages des opérations à terme par rapport au comptant.

En effet, l'acheteur d'un contrat à terme réalise une économie de trésorerie par rapport à un achat au comptant : il ne paiera que plus tard. En revanche, il ne perçoit pas les dividendes qu'il recevrait en achetant ferme les valeurs composant l'indice. Par symétrie, le vendeur de future perd la rémunération perçue sur les liquidités qu'il aurait touchées en cas de vente au comptant. Il ne peut accepter de vendre le contrat qu'à un prix supérieur à l'indice au comptant. Mais il ne peut prétendre conserver, dans le cours à terme, les dividendes qu'il aurait perdus en détenant au comptant les actions de l'indice. De ce fait, le cours théorique du future est égal au niveau de l'indice au comptant, augmenté du taux d'intérêt sans risque sur toute la durée du contrat et diminué du taux de rendement des valeurs. En pratique, du fait de la loi de l'offre et de la demande, le cours d'équilibre ne respecte pas la relation théorique.

C'est là que le rôle des arbitragistes intervient. Lorsque le cours du future est surévalué par rapport à son cours théorique, les arbitragistes vont tirer partie de cet état de fait en vendant le future et en achetant immédiatement les valeurs composant l'indice. Le risque est nul car les opérations se neutralisent. Si le future était à son cours théorique, la double opération rémunérerait les arbitragistes au taux sans risque. Il y aurait donc un gain grâce à la prime du future. La situation, beaucoup plus rare, où celui-ci affiche un cours inférieur à l'indice au comptant leur est également favorable. Ils achètent alors le future et vendent les valeurs de l'indice tout en plaçant les liquidités obtenues au taux sans risque. L'opération permet, de ce fait, de battre ce dernier.

Il existe en revanche une zone dans laquelle aucun arbitrage n'est possible : lorsque le prix du future évolue entre son cours théorique et le niveau de l'indice, l'arbitragiste ferait alors moins bien que la rémunération non risquée.

En résumé, si le future est surévalué, l'arbitragiste vend et achète au comptant. Il réduit ainsi l'écart entre le cours du contrat et l'indice tout comme lorsqu'il achète des contrats et vend les titres au comptant. Sous l'action des arbitragistes, le cours du contrat tendra à vérifier la relation :

$$F_0 = I_0(1 + r(T)) - D$$

où :
- F_0 représente le prix du future,
- r le taux sans risque,
- T le temps,
- D le dividende.

Il faut noter que l'estimation des dividendes d'un portefeuille ne pose pas à priori de difficultés majeures.

2.4. Exemple d'utilisation

À partir de la cotation suivante, (tableau 9), on suppose un investisseur anticipant une hausse du CAC 40 et achetant au 1er juin 1995 un contrat échéance juillet 1995 :

TABLEAU 9

Cotation du contrat CAC 40

Échéance	Premier	Plus haut	Plus bas	Dernier	Compensation	Volume
Juin 1995	1 954	1 956	1 938	1 946	1 946	19 944
Juillet 1995	1 954	1 954	1 947,5	1 947,5	1 948	527

Source : Les Échos, 01.06.1995, p. 41.

L'acheteur et le vendeur doivent verser un dépôt de garantie initial de 30 000 F. Chaque jour, les positions sont fictivement liquidées et des appels de marge quotidiens sont versés ou reçus avant l'ouverture de la séance suivante. Ces appels sont calculés à partir du cours de compensation du jour établi sur la base des derniers cours affichés de la séance et de celui de la veille.

Si l'on suppose que le cours de liquidation de l'indice (cours de compensation) fin juillet 1995 est à 1937, l'acheteur le 1er juin 1995 d'un contrat échéance juillet 1995 à 1954 va devoir donner l'écart entre le cours de l'indice 1937 et le cours d'achat soit :

$$(1937 - 1954) \times 200 = 3\,400$$

L'acheteur aurait pu, s'il l'avait voulu, fermer sa position avant l'échéance.

2.5. Les principaux marchés et contrats à terme sur indice

Le premier marché à terme d'instruments financiers est apparu à Chicago au milieu des années 70, créé par le Chicago Board of Trade et le Chicago Mercantile Exchange. Son succès fut tel que se sont successivement ouverts les marchés de New York, Toronto, Sydney, Londres, Singapour, Hong Kong, Tokyo, Paris. Les premiers contrats à terme sur indice datent de 1982. En 1988, un contrat sur indice était lancé en France.

Sans prétendre à l'exhaustivité, les principaux contrats sur les futures d'indice sur actions, (tableau 10), portent sur : le SP 100, le Nikkei 225, le SP 500, le Ibovespa et le CAC 40.

3. Les options sur indice

On analysera successivement, le fonctionnement d'un contrat d'options puis on passera en revue les principaux contrats d'options sur indice et enfin, on étudiera en particulier les deux options sur indice cotées sur le MONEP : les options courtes CAC 40 et les options longues CAC 40.

3.1. Définition et fonctionnement

Une option est le droit (mais non l'obligation), conféré à l'acheteur du contrat (et à lui seul), moyennant le paiement d'une prime, d'acheter (option d'achat ou call) ou de vendre (option de vente ou put) un lot d'un actif sous-jacent, ici l'indice, à un prix déterminé fixé dans le contrat nommé prix d'exercice (striking price).

C'est par la comparaison du prix d'exercice et du prix sur le marché que l'acheteur du contrat d'option décide d'exercer ou non son droit. Il a donc l'initiative du dénouement. Le vendeur du contrat (qui encaisse la prime à la signature) doit lui, exécuter son obligation de contrepartie sur simple demande. Ainsi l'acheteur d'un call paie la prime et obtient le droit d'acheter l'actif. Le vendeur encaisse la prime et s'engage à livrer l'actif si l'option est exercée. L'acheteur d'un put paie la prime et obtient le droit de vendre l'actif. Le vendeur encaisse la prime et s'engage à acheter si l'option est exercée.

Le vendeur de l'option est son émetteur (writer). Il existe deux types d'options si on prend en considération la période d'exercice : les options européennes (exerçables à l'échéance) et les options américaines (exerçables à tout moment jusqu'à l'échéance) ; ces dénominations d'origine historique n'ont rien à voir avec leur lieu de formation.

Achat et vente d'un call sur indice

L'acheteur d'un call n'exercera pas son option toutes les fois que l'indice sera inférieur au prix d'exercice. Dans

TABLEAU 10

Principaux contrats sur les futures d'indice

Places boursières	Marchés	Contrats
Chicago	Chicago Board of Trade (CBOT)	Major Market Index (MMI)
		Major Market Index (MMI)
		Maxi
		NASDAQ 100
	Chicago Mercantile Exchange (CME)	Standard and Poor's 100
		Standard and Poor's 500
		National OTC
New York	New York Futures Exchange	NYSE composite Index
		Russell 3000
Kansas City	KCBOT	Value Line
Toronto	Toronto Futures Exchange	TSE 300
Londres	London International Financial Futures Exchange (LIFFE)	Financial Times Index (FOOTSIE)
		Eurotrack 100
Osaka	Osaka Securities Exchange	NIKKEI Index Futures
		NIKKEI 300
Singapour	Singapore International Monetary Exchange (SIMEX)	NIKKEI stock average
Nouvelle-Zélande	WSE	Barclays Share Index

TABLEAU 10 (SUITE)

Principaux contrats sur les futures d'indice

Places boursières	Marchés	Contrats
Suède	SOFE	SX 16
Hong Kong	HKFE	Hang Seng
Australie	Sydney Futures Exchange	All ordinaries
Paris	MATIF	Indice CAC 40
Brésil (Sao Paulo)	BM & F	Ibovespa
Madrid	Meff renta variable	IBEX 35
Vienne (Autriche)	OTOB	ATX
Bruxelles (Belgique)	BELFOX	BEL 20
Francfort (Allemagne)	DTB	DAX 30
		CAC 40
Amsterdam (Pays-Bas)	Financial Futures Market	Eurotop 100
Milan (Italie)	Mercato Italiano Futures (MIF)	FIB

ce cas il abandonnera la prime et constatera la perte correspondante. Lorsque la valeur de l'indice dépassera le prix d'exercice du montant de la prime et si l'option est exercée, le résultat de l'opération sera nul. Si le prix de l'indice continue à s'élever et si l'option est exercée, le gain sera d'autant plus important que sera haute la valeur de l'indice. Il est très facile d'inverser le raisonnement dans le cas de la vente d'un call.

Pour résumer, l'acheteur d'un call joue la hausse de l'indice.

Le vendeur de call espère une stabilité ou un recul de la bourse.

Exemple

Le 1er juin 1995, achat d'un call septembre 95 au prix de 2 200. Il cote 12 points. On doit débourser immédiatement 2 400 soit (12 × 200 f).

Achat et vente d'un put sur indice

Le contrat d'achat d'un put donne à son propriétaire le droit de vendre l'indice au prix d'exercice. Son gain sera d'autant plus important que la valeur de l'indice sera faible par rapport au prix d'exercice. Lorsque la valeur de l'indice est inférieure au prix d'exercice d'un montant égal à celui de la prime, si l'option est exercée, le résultat est nul. Lorsque le prix de l'indice est supérieur au prix d'exercice, l'option ne sera pas levée. Le résultat de l'opération est la perte de la prime. On peut de la même manière que précédemment inverser le raisonnement et l'appliquer à la vente d'un put.

Pour résumer, l'acheteur d'un put parie sur une baisse de l'indice supérieure à la prime tandis que le vendeur espère une légère hausse ou une stabilité de l'indice.

Exemple

Le 1er juin 1995, achat d'un put septembre 1996 au prix d'exercice de 1 450. Il cote 9 points. On devra payer 1 800 francs soit 9 × 200.

Le « prix d'exercice » ou « strike price » est la valeur du sous-jacent déterminée contractuellement lors de l'achat de l'option. Celle-ci est dite « à la monnaie », « at the money » (ATM), lorsque son prix d'exercice est égal à la valeur « spot » (au comptant) du sous-jacent. Elle est dite « dans la monnaie », « in the money » (ITM), lorsque la valeur spot dans le cas d'un « call » est supérieure au prix d'exercice et dans le cas d'un « put » inférieure au prix d'exercice. Dans le cas inverse, on dira qu'une option est « en dehors de la monnaie », « out of the money » (OTM). Deux éléments interviennent dans la détermination de la valeur de la prime : la valeur intrinsèque et la valeur temps. Dans le cadre de l'option américaine la différence entre le prix d'exercice et le cours comptant du moment est la *valeur intrinsèque* de la prime. La probabilité d'exercice ou de revente avec profit de l'option avant ou à l'échéance est *la valeur temps*. Celle-ci diminue au fur et à mesure que l'on s'approche de la date d'exercice.

La valeur temps d'une option se calcule donc à partir :
– de la durée de vie de l'option, la prime augmentant de moins en moins vite avec l'allongement du temps,
– de la volatilité du cours du sous-jacent, c'est-à-dire de l'amplitude et de la fréquence des variations du cours de l'indice sous-jacent autour de la moyenne.

La volatilité utilisée dans les calculs de prime d'options est généralement la volatilité implicite, résultante directe de la volatilité observée dans le passé et des anticipations des opérateurs du marché.

3.2. Les principaux marchés d'options sur indice

Les principaux marchés et contrats d'options sur indice sont repris dans le tableau 11.

3.3. Les options sur indice négociables sur le MONEP

À l'heure actuelle, deux types d'options sont traitées sur le MONEP : des options sur actions et des options sur indice (CAC 40).

Concernant l'option sur indice CAC 40, les institutions et les acteurs sont les mêmes que pour les options négociables sur les actions. Il existe deux types de contrats[1] : l'option à l'américaine (option CAC 40 courte appelée PX1) et l'option à l'européenne (option CAC 40 longue dite PXL).

1. Le lecteur pourra se référer à *Option finance* n° 186, 1er novembre 1991, fiche 141 et à la brochure éditée par le MONEP.

TABLEAU 11

Principaux contrats d'options sur indice

Places boursières	Marchés	Contrats
Chicago (USA)	Chicago Board Options Exchange (CBOE)	Standard and Poor's 100 Standard and Poor's 500 Eurotrak 100 National OTC
	Chicago Mercantile Exchange (CME)	Standard and Poor's 500
New York (USA)	American Stock Exchange (AMEX)	Major Market Index (MMI)
	New York Stock Exchange (NYSE)	NYSE composite Index Nyse Beta Airline index Oil Index Composite Technology
	New York Futures Exchange	NYSE composite index
Philadelphia Stock Exchange (USA)	Philadelphia Stock Exchange (PHLX)	Value Line
Toronto (Canada)	Toronto Stock Exchange	Market portfolio
Londres (Royaume-Uni)	London Stock Exchange (LSE)	Financial Times Index 100 (FOOTSIE)
	London Traded Options Market (LTOM)	Eurotrak 100

Places boursières	Marchés	Contrats
Osaka (Japon)	Osaka Securities Exchange	NIKKEI 300
Amsterdam (Pays Bas)	EOE	EOE Stock Index
	EOE	MMI
Suède	SOFE	SX 16
	SOM	OMX Stock index
Sydney (Australie)	Sydney Futures Exchange	All ordinaries
Paris (France)	MONEP	CAC 40 option courte
		CAC 40 option longue
Vienne (Autriche)	OTOB	ATX
Bruxelles (Belgique)	BELFOX	BEL 20
Francfort (Allemagne)	DTB	DAX 30
Amsterdam (Pays-Bas)	European Options Exchange	Eurotop 100

3.3.1. L'option CAC 40 courte

C'est une option américaine, exerçable à tout moment dont le support est l'indice boursier CAC 40. L'unité de négociation d'un contrat est de 200 F, représentant la valeur d'un point de l'indice. À l'échéance, la valeur du contrat se calcule ainsi : on fait la différence entre le prix d'exercice (valeur de l'indice retenue dans le contrat) et l'indice sur le marché au moment de l'échéance. Cette différence est multipliée par la valeur de l'unité de négociation.

Deux types de contrats sont retenus : les calls (options d'achat) et les puts (options de vente). Le dénouement du contrat ne peut s'effectuer par la livraison d'un actif effectif. On procède donc à un paiement en liquide.

Cette option négociable sur indice est à court terme : les échéances sont mensuelles et concernent les quatre échéances glissantes : trois mois rapprochés consécutifs et une échéance trimestrielle.

Différents prix d'exercice sont retenus ; les écarts entre les différents prix sont standardisés et fixés dans les règlements du marché. Ils ont été arrêtés à 25 points d'indice. Les différents prix sont introduits en fonction du niveau de l'indice au moment de la création des contrats. Lors de l'ouverture d'une échéance des séries sont créées (call et put) aux 5 prix d'exercice les plus proches de la valeur de l'indice : 1 à parité, 2 dans le cours et 2 en dehors du cours. Lorsque la valeur de l'indice atteint ou déborde le premier des deux prix d'exercice dans les cours ou en dehors des cours, de nouvelles séries d'options d'achat et de vente sont créées afin qu'il y ait en permanence au moins deux prix d'exercice dans et en dehors des cours.

Ainsi, comme le montre l'extrait de la cotation de l'option CAC 40 courte au 17 août 1995, tableau 12, les échéances auraient du concerner août, septembre, octobre (3 mois consécutifs) et décembre (trimestre) et l'écart entre les différents prix d'exercice était de 25 points d'indice.

L'indice quotidien de compensation est la moyenne de tous les indices calculés et diffusés entre 16 h 40 et 17 h 00 (y compris le dernier indice calculé et diffusé après la clôture du marché).

Les opérateurs détenant une position globale nette vendeur se voient appeler une couverture ajustée quotidiennement, d'un montant représentant la valeur liquidative la

TABLEAU 12

Extrait de cotation de l'option CAC 40 courte

	Volume	+ haut	+ bas	Clôture	Compens
CAC 40 opt Crt		1982,12	1965,73	1971,56	
Call 95 Août 1950	2	45,9	45,9	45,9	43,5
Call 95 Août 1975	302	33	23,5	27	27,5
Call 95 Août 2000	263	18,5	12,5	13	15
Call 95 Août 2025	173	9,5	6	6,7	7,5
Call 95 Août 2050	64	4	2,5	2,5	3
Call 95 Août 2075	125	1,4	1	1	1
Call 95 Août 2100	40	0,5	0,5	0,5	0,5
Call Sept 95 1975	4	55	48	48	54
Call Sept 95 2000	25	40,5	40,5	40,5	40,5
Call Sept 95 2025	20	30,5	30,5	30,5	29,5
Call Sept 95 2050	83	21	19	19	20,5
Call Sept 95 2075	29	13,5	13	13	14
Call Sept 95 2100	26	10	8,5	8,5	9
Call Déc 95 2100	300	49	49	49	13,5

Source : Les Échos, Lundi 21 août 1995, p. 34 (extraits).

plus défavorable de leur position dans l'hypothèse d'une variation de l'indice de +/– 150 points par rapport à l'indice de clôture du jour.

3.3.2. L'option CAC 40 longue

La création en octobre 1991 d'une option longue « européenne » sur l'indice CAC 40 résulte du constat, par la SCMC, du besoin pressant de produits à échéance longue sur les marchés dérivés d'action et du désir de développer les opportunités d'intervention des investisseurs sur le MONEP.

Les caractéristiques du contrat sont les suivantes :

– c'est une option à l'européenne (exerçable uniquement à l'échéance) ;

– l'option est à échéance de deux ans avec ouverture d'une échéance tous les 6 mois. La clôture des échéances (mars et septembre) est concomitante (même date, même heure) avec celle des options courtes sur le CAC 40, sur la base du même indice de liquidation ;

– c'est un contrat dans lequel chaque point d'indice est affecté d'une valeur de 50 francs. La taille du contrat est donc égale à la valeur de l'indice fois 50. La prime est égale au cours de l'option fois 50 francs.

Par exemple, l'achat d'un call septembre 1995 à 2 050 signifie le paiement immédiat de 46 × 50 soit 2 300 francs ;
– les prix d'exercice sont des valeurs standard fixées par intervalle de 150 points.

Ils sont différents pour les options d'achat et les options de vente. À l'introduction d'options sur une nouvelle échéance, on procède à la création de 3 prix d'exercice les plus proches de la valeur de l'indice :
– un prix d'exercice ATM (à la monnaie),
– deux prix d'exercice OTM (en dehors de la monnaie) pour les options d'achat et les options de vente. Lorsque la valeur de l'indice atteint la moitié de l'écart entre le prix d'exercice à parité et le premier prix d'exercice en dehors des cours (+/– 75 points), un nouveau prix d'exercice est créé afin qu'il y ait en permanence au moins un prix d'exercice à parité et deux prix d'exercice en dehors des cours.

TABLEAU 13

Extrait de cotation de l'option CAC 40 longue

	Volume	+ haut séance	+ bas séance	Clôture	Compens
Call 95 Sept 1900	3 060	120	115	120	119
Call 95 Sept 2050	5 140	51	44	46	46,5
Call 95 Sept 2200	610	14,8	11,5	12	12,85
Call 95 Sept 2350	1 007	2,79	2,1	2,1	2,5
Put 95 Sept 1600	2 038	4,8	3,8	3,8	3,75
Put 95 Sept 1750	600	17	13,5	16,3	15,95
Put 95 Sept 1900	1 627	54	47	54	51,85
Put 95 Sept 2050	3 061	129	120	129	125,25
Call 96 Mars 1900	1 000	210,5	199	201,5	189,35
Call 96 Mars 2050	1 800	120,02	118	118,4	118,5
Call 96 Mars 2200	905	65	64	64	63,9
Call 96 Mars 2350	1 600	31	30	30	32,25
Put 96 Mars 1750	200	35	33	34	32,5
Put 96 Mars 1900	12	74	73	74	74,9
Put 96 Mars 2050	3	137	137	137	135,35
Call 96 Sept 2500	20	32	32	32	31,35
Put 96 Sept 1450	4	9	9	9	11
Put 96 Sept 1600	103	27	22,55	22,55	26,05
Call 97 Mars 1900	200	283,38	283,38	283,38	284,2
CAC 40		969,17	1 954,19	1 960,80	

Les opérateurs détenant une position globale nette vendeur se voient appeler une couverture ajustée quotidiennement d'un montant représentant la valeur liquidative la plus défavorable de leur position dans l'hypothèse d'une variation de la valeur de l'indice de +/– 150 points par rapport à l'indice de clôture du jour.

L'option longue, dont les principales caractéristiques sont reprises dans le tableau 14, est traitée sur le même groupe de cotation que l'option courte.

TABLEAU 14

Principales caractéristiques des contrats d'options sur CAC 40

	Options longues sur indice CAC 40	**Options courtes sur indice CAC 40**
Type	Européen	Américain
Taille du contrat	50 fois la valeur de l'indice	200 fois la valeur de l'indice
Actif sous-jacent	CAC 40	CAC 40
Échéances	Mars et septembre	3 mois rapprochés et 1 échéance trimestrielle
Mode de cotation	Indice (2 décimales)	Indice (2 décimales)
Échelon de cotation	1/100 point d'indice soit 0,5 F	0,01 % du nominal soit 2 F
Heures de négociation	10 H à 17 h	10 H à 17 H
Dernier jour de cotation	Dernier jour de bourse du mois d'échéance (16 h)	Dernier jour de bourse du mois d'échéance (16 h)
Dépôt de garantie	Valeur liquidative la plus défavorable	Valeur liquidative la plus défavorable
Livraison	Règlement en espèces	Règlement en espèces
Prix d'exercice	5 minimum par pas de 150 points d'indice	5 minimum par pas de 25 points d'indice

Les interventions sur le MONEP ont la même rationalité que les interventions sur le MATIF. On peut intervenir en effet à des fins de couverture, d'arbitrage ou de spéculation.

À titre d'exemple et en restant dans une stratégie de base (achat/vente), si l'on reprend les cotations du tableau option CAC 40 courte, l'acheteur le 17 août d'une option d'achat CAC 40 à échéance décembre 1995, au prix d'exercice de 2 100, cotée 49 acquiert le droit :

– de se faire verser, n'importe quel jour jusqu'au dernier jour de bourse du mois de décembre, la différence entre la valeur de l'indice quotidien de compensation Ic et le prix d'exercice 2100, multipliée par 200 F soit :

$$(I_C - 2\ 100) \times 200$$

– de régler immédiatement le prix de ce droit (l'option) qui est égal à la valeur de l'option par la valeur d'un point d'indice soit :

$$49 \times 200 = 9\ 800$$

Par symétrie, le vendeur s'engage à verser la différence entre la valeur de l'indice quotidien de compensation et le prix d'exercice 2 100, multipliée par 200 F.

Le vendeur reçoit 9 800 F, mais il est soumis au système de la compensation quotidienne.

3.4. Utilisation possible

À partir des quatre opérations de base des options (achat et vente de call et de put), il existe une multitude de stratégies possibles qui dépassent l'objet de ce livre et ne seront donc pas développées.

On peut rappeler qu'il existe deux types de stratégies de volatilité :
– les stratégies de volatilité réelle (*actual volatility*) également appelées stratégies de gamma (positives ou négatives). Les straddles, les strangles et la plupart des positions à delta neutre sont des positions de gamma ;
– les stratégies de volatilité implicite (*implied volatility*), appelées stratégies de véga, ont pour objet de tirer profit des mouvements de la volatilité estimée. On n'abordera ici que les stratégies de volatilité réelle.

Parallèlement, on peut combiner les options sur indice avec les contrats à terme : il s'agit alors de créer des options synthétiques.

3.4.1. Les stratégies de volatilité réelle ou de gamma

• L'achat de *straddle*, où, l'achat ou la vente simultané d'un « call » et d'un « put » au même prix d'exercice, permet de ne parier que sur la hausse de la volatilité. Il permet un gain illimité et une perte limitée à la somme des deux primes payées si les cours ont peu fluctué.

• La vente de *straddle*, vente de call et vente de put au même prix d'exercice, correspond à une anticipation inverse.

• Le *strangle*, où, à partir de la stratégie du « straddle », on peut élargir ses possibilités de gain, mais de ce fait augmenter son risque en élargissant les bornes : le prix d'exercice de ses deux options sera légèrement différent.

• La gestion en « *delta neutre* »[1] considère que l'on peut essayer de neutraliser le risque de fluctuation des cours par une position calculée à partir du coefficient delta[2]. Cette neutralisation s'opère en prenant une position inverse à la position d'options. Le nombre de contrats à acheter ou à vendre sur le sous-jacent dépend de la variation du prix de l'option par rapport au prix du contrat. Le principe de la gestion en delta neutre est simple : il faut être acheteur d'options si l'on anticipe une hausse de la volatilité ; on a alors l'espoir de vendre l'option à un prix supérieur puisqu'une hausse de la volatilité entraîne une appréciation du prix de l'option. Dans le cas inverse, il faut être vendeur d'options. Cette couverture, apparemment parfaite, n'est que théorique. Si l'on veut rester en delta neutre, il faut ajuster le delta dès que l'un des paramètres change. En effet, le coefficient delta qui est retenu pour calculer la couverture n'est valable que pour un cours bien précis du sous-jacent, à une date précise et pour une volatilité donnée. Or, le delta est sensible à trois éléments : au spot, au temps, et à la volatilité. Le principal problème reste lié au fait que le marché peut se décaler très rapidement sans laisser le temps de s'ajuster.

3.4.2. Les options synthétiques.

L'achat d'un call synthétique consiste en l'achat d'un put et simultanément celui de l'indice à terme. Par symétrie, la vente d'un call synthétique consiste en la vente d'un put et simultanément celui de l'indice à terme. L'achat d'un put synthétique consiste en l'achat d'un call et simultanément la vente à terme de l'indice. La vente de put synthétique se traduit par la vente d'un call et l'achat à terme simultané de l'indice.

---

1. Pour une étude plus détaillée sur la gestion en delta neutre, le lecteur pourra se référer à : Y. Marquet, *Les marchés d'options négociables sur contrats à terme*, Économica, 1988.

2. Le delta est un facteur de sensibilité qui mesure le comportement du prix d'une option (variation de la prime) en cas de faible variation du prix de la devise.

En achetant un « call » et en vendant un « put » au même prix d'exercice égal au cours à terme, on se garantit un cours de vente à terme synthétique. En cas de hausse du sous-jacent, on ne sera pas exercé sur le put, et on exercera son option d'achat. En cas de baisse, on s'est garanti le cours de vente à terme. On perd la prime sur l'achat du call mais on gagne la prime sur le put. Ces deux primes étant égales, l'opération revient au prix d'exercice, soit le cours à terme. De même en vendant un call et en achetant un put au même prix d'exercice égal au prix à terme, on se garantit un cours d'achat à terme synthétique. En cas de baisse du sous-jacent, on ne sera pas exercé sur le call et on exercera son put. En cas de hausse, les primes s'annuleront entre elles et le cours équivaudra au cours à terme.

Il existe une relation de parité entre les contrats à terme sur CAC 40 et les options sur CAC 40 puisque le support sous-jacent, la taille des contrats, les échéances, les dates d'expiration et les cours de liquidation sont les mêmes. Cette relation permet de créer synthétiquement des call ou des put ou un contrat à terme à partir des deux autres.

4. Les swaps d'indice boursier

Le marché des swaps d'indice boursier est de développement récent, surtout aux États-Unis, du fait de la montée en puissance des fonds indiciels dont il permet d'assurer la garantie promise. Il est donc alimenté par une demande d'investissements boursiers synthétiques, exprimée par les investisseurs.

Les swaps sur indices boursiers existent sur les marchés principaux tels que :
- Nikkei 225, Topix,
- DAX,
- CAC 40,
- FTSE 100,
- Eurotrack 100 et 200,
- S & P 500 et S & P 100,

ainsi que sur les indices MCSI (Morgan Stanley Capital International) Monde, UK…

4.1. Définition

C'est un contrat d'échange de flux monétaires entre deux parties A et B. Il s'agit donc de mettre face à face la performance d'un indice boursier et une rémunération monétaire ou obligataire. L'une des parties reçoit les paiements fondés sur la performance d'un indice boursier et paie, en contrepartie, à l'autre les intérêts à taux variable. Les échanges de flux se font sur des périodes prédéterminées (tous les mois, tous les trois mois, tous les six mois...), sur une durée fixée dans le contrat.

4.2. Description

Tous les paiements sont calculés sur un montant notionnel et leur fréquence est déterminée préalablement par un contrat.

L'une des parties, l'acheteur A du swap, reçoit les flux équivalents aux performances de l'indice sur la période considérée et paie, en retour à l'autre partie B, des flux indexés sur un taux d'intérêt fixe ou variable.

De ce fait, l'acheteur, la partie A, a la possibilité de mettre en place une gestion indicielle internationale (les principaux grands indices boursiers font l'objet de swaps) sans avoir à acquitter les coûts d'intervention directe dans les différents marchés, tandis que la partie B se crée la possibilité de vendre le marché quand souvent il est difficile de le faire pour un institutionnel.

4.3. Règlements

Les flux périodiques entre les parties peuvent se calculer comme suit :

$$\text{B doit payer à A : } \frac{\text{montant notionnel } \times (I_t - I_{t-1})}{I_0}$$

Le montant notionnel est un montant nominal de référence qui n'est jamais échangé durant la vie du swap. Il peut être fixé dès le départ (on dit alors notionnel fixe) ou varier d'une période à l'autre.

avec :
- I_t qui représente l'indice à la fin du trimestre,
- I_{t-1}, l'indice au début du trimestre,
- I_0, l'indice à l'origine du swap.

$$\text{A doit payer à B : } \frac{\text{montant notionnel } \times I_{t-1} \times \text{Taux}(n/365)}{I_0}$$

$$-(\text{Montant notionnel } \times D)$$

où :
– Taux, représente le taux variable ou fixe,
– *D*, le rendement des dividendes sur la période,
– *n*, le nombre de jours du trimestre.

4.4. Exemple

Si l'on considère un swap sur indice Nikkei 225, avec un niveau de départ de l'indice de 24 000 et un montant

TABLEAU 15
Exemple de flux sur un swap d'indice

Période	**1**	**2**
Niveau de l'indice	25 000	23 000
Taux d'intérêts	8,5 %	8,5 %
Cash flow actions		
Niveau précédent de l'indice	24 000	25 000
Gain (perte) de l'indice	1 000	(2 000)
Multiplicateur de l'indice (*)	0,041667	0,041667
Paiement actions (**)	41 666 667	(83 333 333)
Cash flow intérêts		
Taux d'intérêts de la période	8,5 %	8,5 %
Nombre de jours	90	92
Multiplicateur taux d'intérêt (nj/365)	0,24657	0,25205
Niveau précédent de l'indice	24 000	25 000
Multiplicateur de l'indice	0,041667	0,041667
Composants de l'intérêt (***)	20 958 617	22 317 105
Rendements des actions	0 %	1,0 %
Composants du dividende (****)	0	10 416 750
Paiement intérêts (*****)	20 958 617	11 900 355
Cash flow net		
Paiement actions	41 666 667	(83 333 333)
Paiement intérêts	20 958 617	11 900 355
Paiement net	20 708 050	(95 233 688)

(*) montant sous-jacent/indice à l'origine du swap.
(**) multiplicateur indice × gain (perte).
(***) multiplicateur de l'indice × multiplicateur taux d'intérêt × niveau précédent de l'indice × taux.
(****) rendement en % × niveau de l'indice précédent × multiplicateur de l'indice.
(*****) intérêts – dividendes.

Source : Extraits (corrigé) de MTF n° 31, 06/1991.

sous-jacent fixe de 1 000 000 yen, on peut calculer les différents flux ou règlements au niveau des actions (flux boursiers) et du paiement d'intérêts (flux monétaires).

4.5. Utilisateurs

D'après la définition qui a été donnée, le swap étant un contrat d'échange de flux monétaires entre deux parties A et B, on va donc rechercher qui peut être intéressé à recevoir la performance de l'indice boursier au travers des avantages que fournit le swap : il s'agit essentiellement de la possibilité d'opérer sur un marché de gré à gré, de minimiser les coûts de transactions et d'avoir une gestion dynamique.

On trouvera donc dans ceux qui reçoivent la performance de l'indice boursier :
– les institutions qui ne peuvent pas opérer sur le marché à terme en raison de contraintes internes ou de réglementation en matière de gestion d'actifs pour compte de tiers,
– les établissements qui adoptent une stratégie d'allocation d'actifs dynamique,
– les fonds indiciels qui, à travers un swap, peuvent surperformer un indice boursier,
– les gestionnaires soucieux de minimiser les coûts de transactions et de conservations,
– les investisseurs à la recherche de l'effet de levier que procure généralement l'investissement en actions.

Par symétrie, ceux qui payent la performance de l'indice boursier seront :
– les institutions qui ne peuvent pas intervenir sur le marché à terme,
– les trésoriers d'entreprise et les gérants de fonds monétaires qui peuvent obtenir une performance globale meilleure qu'un placement direct sur les instruments monétaires,
– les établissements qui souhaitent couvrir partiellement ou en totalité leurs risques sur le marché actions,
– les investisseurs qui anticipent une baisse du marché actions sur une certaine période,
– les arbitragistes qui distinguent une opportunité de profit sans risque entre les marchés de taux et le marché actions.

*
* *

Les places boursières disposent maintenant d'indices qui traduisent l'évolution du marché et d'outils performants qui permettent aux investisseurs de jouer ces indices. S'ils battent l'indice, ils ont bien géré les fonds qui leurs ont été confiés, dans le cas contraire, le plus fréquent, ils n'ont pas fait mieux que l'indice. C'est cette constatation qui a justifié la mise en place de ce que l'on appelle la gestion indicielle.

CONCLUSION

Comme on a pu le constater tout au long de cet ouvrage, la connaissance et l'utilisation des indices boursiers se développent très rapidement au travers de nouveaux produits ayant comme base les indices boursiers. Il faut développer cette connaissance et l'utilisation des indices boursiers, qu'ils soient nationaux ou internationaux, car ils présentent un double avantage : ils sont, d'une part, pour les investisseurs, un outil de première importance dans le sens d'actif sous-jacent, mais, d'autre part, un outil d'analyse et de contrôle de la qualité de la gestion qu'ils mettent en place.

Les résultats sont déjà très positifs dans la mesure où l'on a pu constater, chez les institutionnels par exemple, un accroissement de l'utilisation des indices dans les domaines où leur expertise était la plus faible (fonds spécialisés et internationaux). Toutefois, ce développement n'est pas sans risques : alors que les marchés boursiers se mondialisent de plus en plus et que les produits se sophistiquent, on peut être pour le moins surpris de constater le manque de transparence de chaque marché pris individuellement.

D'un côté, les autorités boursières prônent la transparence des comptes des sociétés et l'information divulguée par ces dernières, et de l'autre, elles appliquent la non transparence des marchés dans leurs différentes publications, notamment en ce qui concerne les volumes de transactions et l'agrégation des indices. Il y a donc une urgente nécessité d'harmonisation.

Parallèlement, la gestion indicielle est, sans nul doute, la technique porteuse du développement du marché des indices car, d'une part, les performances des gestionnaires classiques sont très irrégulières et, d'autre part, cette technique permet de vendre une place plus facilement à l'étranger… Le retard accumulé sur les places européennes laisse augurer du formidable essor que peut avoir ce type de gestion dans les années à venir.

BIBLIOGRAPHIE

Brennan M. et Schwartz E., « On the geometric mean index : a note », *Journal of Financial and Quantitative Analysis*, vol. 20, n°1, March 1985.

Briys E. et Crouhy M., « La gestion indicielle tiltée », *MTF* n° 10, mars-avril 1989, p. 43-44.

Catteaux D., « L'hégémonie du CAC 40 » et « Indice anti-crise », *La vie Française*, 8 février 1992.

Chen N., Roll R. et Ross S., « Economic forces and the stock market : testing the APT and alternative Asset Pricing Theories », *Journal of Business*, 59, 3, 1986.

Cobbaut R., *Théorie financière*, 3e éd., Économica, 1994.

Cootner P., *in* « Stock market indexes – fallacies and illusions » Commercial and Financial chronicle 204, September 29, 1966, reprinted *in Modern developments in investment management* Lorie J and Brealey R, Praeger 1972.

Dodd, Kimpton, Lorie, *« The stock market : theory and evidences »*, Dow Jones Irwin.

Dubos J., *Statistiques descriptives en sciences économiques*, Dunod, 1970.

Ferri, *Le MIDCAC*, Continental Partners, 1995.

Fisher L., « Some new stock market indexes » Security prices : a supplement, *Journal of Business,* n° 39, January 1966.

Fourastié J., *Mathématiques appliquées à l'économie*, Dunod, février 1991.

Gobry P., *La bourse aux indices*, Économica, 1988.

Harrison M., 1994, Rapport de la « Fédération Internationale des Bourses de Valeurs » in, « Statistiques boursières : des standards mondiaux s'imposent », *Les Échos*, 13 et 14 janvier 1995.

Heinkel R. et Schwartz E., « Rights versus underwritten offerings : an asymetric information approach », *Journal of Finance*, March 1986, p. 1-18.

Hiault R., « Les indices boursiers sur la sellette », *Eurépargne*, mars 1990.

Kantor M., *On market indexes, Mathematical methods in investment and finance*, Szego/Shell eds, North-Holland, 1972.

King B., « Market and industry factors in stock price behavior », Security Prices : a supplement, *Journal of Business*, n° 39, January 1966.

Lopatégui, Derkouk, Brierwood, « Swaps d'indices boursiers », *MTF* n° 31, juin 1991.

Ross S., « The arbitrage theory of capital asset pricing », *Journal of Economic Theory*, décembre 1976.

Roure F., *Stratégies financières sur le MATIF et le MONEP*, Économica, 1992.

Rothstein M., « On geometric and arithmetic portfolio performance indexes », *Journal of Financial and Quantitative Analysis*, September 1972.

SBF, « Les indices de la Bourse de Paris, méthodologie et gestion », Bourse de Paris, mai 1995.

Topsacalian P., « Représentativité des indices, prise en compte des volumes et invariance d'échelle », *Cahier de Recherche du Grefim*, n° 1, 1993.

ANNEXES

1 Les huit membres du Conseil scientifique de la SBF

Florin Aftalion :	Professeur à l'ESSEC
Bertrand Jacquillat :	Associé en Finance, professeur d'université,
Paul Le Fillatre :	INSEE
Pierre Fleuriot :	Commission des Opérations de Bourse,
Jean-Pierre Patat :	Banque de France
Jean-François Théodore :	PDG Société des Bourses Françaises,
Jean-Guy de Wael :	Président Fédération européenne des analystes financiers,
Guy Rico :	Président de la Société française des analystes financiers.

2 Nomenclature économique SBF

1 Valeurs industrielles

101 Énergie
- 10101 Pétrole
- 10102 Électricité Nucléaire/Autres

102 Produits de base
- 10201 Transformation des métaux
- 10202 Chimie
- 10203 Bois/Papiers/Carton

103 Construction
- 10301 Matériaux
- 10302 BTP/Génie civil

104 Biens d'équipement
    10401 Construction mécanique
    10402 Électricité/Électronique/Télécommunication
    10403 Aéronautique/Espace/Armement
    10409 Autres biens d'équipement
105 Automobile
    10501 Constructeurs automobiles/Équipementiers
106 Autres biens de consommation
    10601 Équipement Domestique/Professionnel
    10602 Textile/Habillement/Accessoires
    10603 Pharmacie/Cosmétiques
    10604 Imprimerie/Édition
    10605 Sport/Loisir
    10606 Emballage
    10607 Lunetterie
107 Industrie agro-alimentaire
    10701 Boissons
    10702 Autres industriels agro-alimentaire

2 *Services*

208 Distribution
    20801 Distribution générale grand public
    20802 Distribution spécialisée grand public
    20803 Distribution industrielle
209 Autres services
    20901 Informatique
    20902 Communication/Diffusion/Publicité
    20903 Hôtels/Restauration/Tourisme
    20904 Transport/Stockage
    20905 Travail temporaire/Sécurité/Nettoyage
    20906 Environnement/Service aux collectivités

3 *Sociétés financières*

310 Immobilier
    31001 Immobilières classiques
    31002 SICOMI/SII
311 Services financiers
    31101 Assurances
    31102 Banques
    31103 Crédit spécialisé
    31104 SDR
    31109 Autres institutions financières

312 Société d'investissement
    31201 Sociétés holdings
    31202 Sociétés de portefeuilles

3 Historique des changements dans l'indice CAC 40

Date	Sorties	Entrées
27/05/1988	Occidentale Télémécanique	Merlin Gérin Suez
03/08/1988	Darty	Cap Gémini Sogéti
17/07/1989	Alcatel	
01/08/1989		CCF
02/05/1990	Essilor Navigation Mixte Pechelbronn	Canal + Matra UAP
23/10/1990	Dumez	
10/12/1990	Merlin Gérin	Schneider Source Perrier
02/12/1991	Arjomary-Prioux	Total
12/03/1992	Source Perrier	Euro Disney
25/01/1993	Matra	
22/02/1993		Rhône-Poulenc
28/09/1993	Schneider	Schneider (ex-)
17/11/1993	Cap Géméni Sogéti Chargeurs Club Mediterranée	BNP CLF Promodes
09/02/1995	Casino CGIP Euro Disney	Eurotunnel Pinault Printemps Redoute Renault
18/07/1995	Schneider	Spie Batignolles

4 Tableaux comparatifs des principaux indices dans le monde

Les indices britanniques	FT all share	FTSE	FT 30
Nombre et catégories de valeurs	+ 700 actions du LSE	100 actions du LSE	30 Blue chips de l'industrie
Critères de sélection	Capitalisation boursière	Capitalisation boursière	
Base	100 le 10/04/1962	1 000 le 30/12/1983	100 le 01/07/1935
Fréquence de calcul	Temps réel	Toutes les 60 secondes	En continu
Agrégation	Moyenne arithmétique capitalisation boursière	Moyenne arithmétique	Moyenne géométrique Capitalisation boursière
Prise en compte des dividendes	Non	Non	Non
Autres cotations	Non	Coté au LIFFE et LTOM avant 92 et au LIFFE depuis la fusion	

Les indices japonais	Nikkei stock average	Nikkei 300	Topix
Nombre et catégories de valeurs	225 valeurs de la 1re section du marché de Tokyo	300 valeurs de la 1re section du marché de Tokyo	Ensemble des titres de la 1re section du marché de Tokyo
Critères de sélection	Capitalisation boursière	Capitalisation boursière	
Base	176.21 le 16/05/1949		100 le 04/01/1968
Fréquence de calcul	En continu		
Agrégation	Moyenne arithmétique pondérée par les prix	Moyenne arithmétique Capitalisation boursière	Moyenne arithmétique Capitalisation boursière
Prise en compte des dividendes	Non	Non	Non
Autres cotations	Coté à l'OSE	Coté à l'OSE	Coté au TSE

Les indices allemands	DAX 30	DAX 100	FAZ
Nombre et catégories de valeurs	30 « blue chips »	100	100
Critères de sélection	Capitalisation boursière et volumes	Capitalisation boursière et volumes	Capitalisation boursière et volumes
Base	1 000 fin 1987		
Fréquence de calcul	60 secondes	Continu	
Agrégation	Capitalisation boursière	Capitalisation boursière	Capitalisation boursière
Prise en compte des dividendes	Oui	Oui	

Les indices français	CAC 40	SBF 250	SBF 120
Nombre et catégories de valeurs	Capitalisation boursière économique/flottant	Capitalisation boursière économique	Capitalisation boursière liquidité/activité
Base	1 000 au 31/12/1987	1 000 au 31/12/1990	1 000 au 31/12/1990
Fréquence de calcul	Continu 30 secondes	2 fois par jour	Continu 30 secondes
Agrégation	Moyenne arithmétique Capitalisation boursière	Moyenne arithmétique Capitalisation boursière	Moyenne arithmétique Capitalisation boursière
Prise en compte des dividendes	Non	Non	Indice nu : non rentabilité globale : oui
Autres cotations	MATIF et MONEP	Non	Non

Les indices US	Down Jones I.A	Standard & Poor's 500	Standard & Poor's 100
Nombre et catégories de valeurs	30 actions du secteur industriel du NYSE	entre 400 et 500 actions des sociétés industrielles	100 titres du SP 500
Critères de sélection		Capitalisation boursière	Capitalisation boursière
Base	100 en 1928	10 entre 1941 et 1943	100 le 02/01/1976
Fréquence de calcul	Toutes les 30 secondes	Toutes les 15 secondes	Toutes les 15 secondes
Agrégation	Pondération par les prix	Capitalisation boursière	Capitalisation boursière
Prise en compte des dividendes	Non	Non	Non
Autres cotations	Non	Coté au CBOE et CME	Coté au CBOE et CME
	Value Line C.I	**Major Market Index**	
Nombre et catégories de valeurs	+ 1 700 titres du NYSE et de l'AMEX	20 titres	
Critères de sélection			
Base	100 le 30/06/1961	200 fin 1983	
Agrégation	Moyenne géométrique	Moyenne arithmétique pondérée par les prix	
Prise en compte des dividendes			
Autres cotations	Coté au KCBOT et PHLX	Coté à l'AMEX et l'EOE	

QUIZ

1) Dans le cadre de la constitution d'un indice, qu'entend-on par échantillonnage ? (Réponse page 10).

2) Quels sont les problèmes soulevés par la représentativité des indices ? (Réponse page 13).

3) Quelle différence conceptuelle y a-t-il entre un indice diversifié et un indice de marché ? (Réponse page 15).

4) Quelles sont les particularités de la cotation au comptant d'un indice boursier ? (Réponse page 16).

5) Quelles sont les caractéristiques mathématiques d'un bon indice ? (Réponse page 20).

6) Quels sont les différents modes de calcul des indices ? (Réponse pages 20 à 23).

7) À partir de l'exemple ci-dessous, calculer l'indice mathématique et géométrique :

Titre	Nb de titres en *t*0	Cours *t*0	Cours *t*1	Cours *t*2
A	200 000	100	110	105
B	100 000	125	115	116
C	50 000	175	170	165

Commenter les écarts. (Réponse page 23).

8) Quels sont les différents types de pondération de l'indice que l'on peut trouver sur les marchés ? (Réponse page 25).

9) Quelle différence existe-t-il entre un indice de Laspeyres et un indice de Paasche ? (Réponse pages 26 à 29).

10) À partir des informations ci-dessous, calculer un indice de prix de Laspeyres et de Paasche. Démontrer les limites de chacun.

Titre	Nb de titres en $t0$	Cours $t1$	Nb de titres en $t1$	Cours $t2$	Nb de titres en $t2$	Cours $t3$	Nb de titres en $t3$
A	200 000	100	200 000	101	250 000	111	250 000
B	100 000	70	100 000	63	100 000	70	100 000
C	250 000	75	250 000	78	250 000	73	250 000

11) Quelles sont les limites d'un indice pondéré par les prix et un indice équipondéré ? (Réponse pages 35 à 40).

12) À partir des informations ci-dessous, calculer un indice pondéré par les prix et un indice équipondéré. Comparer les résultats avec l'indice pondéré par les capitalisations boursières.

Titre	Nb de titres en $t0$	Cours $t0$	Cours $t1$	Cours $t2$
A	150 000	150	120	115
B	100 000	100	105	115
C	200 000	750	760	775

(Réponse pages 35 à 40).

13) Quels sont les problèmes soulevés par la (non) prise en compte des dividendes dans le calcul de l'indice ? (Réponse page 42).

14) Citer les opérations sur le capital qui vont avoir une influence sur le calcul de l'indice. (Réponse page 44).

15) Comment ajuster l'indice en cas d'opération sur le capital ? (Réponse page 45).

16) À partir de l'exemple ci-dessous, après avoir estimé le cours théorique de B après l'augmentation de capital, calculer la capitalisation boursière ajustée et le coefficient d'ajustement afin de déterminer l'évolution de l'indice entre $t1$ et $t2$, compte tenu de la modification des titres en $t1$ (augmentation du nombre de titres de B due à une augmentation de capital en numéraire au prix de 85 francs). Les cours n'ont pas fluctué entre $t0$ et $t1$ et l'indice de base est 100 en $t0$.

Titre	Nb de titres en *t0*	Cours *t1* avant AK	Nb de titres en *t1* avt AK	Cours *t1* après AK	Cours *t2*	Nb de titres en *t2*
A	100 000	100	100 000	100	101	100 000
B	200 000	97	200 000		103	300 000
C	250 000	75	250 000	75	73	250 000

(Réponse page 48).

17) Quelles sont les influences d'une augmentation de capital par distribution d'actions gratuites sur un indice équipondéré, pondéré par les prix et enfin, calculé à partir des capitalisations boursières.
La réponse serait-elle différente en cas de jouissance des actions différée ? (Réponse page 52).

18) Quels sont les principaux indices mondiaux calculés à partir :
    - des capitalisations boursières,
    - des prix,
    - de l'équipondération ? (Réponse pages 57 à 61).

19) Quelles sont les caractéristiques des principaux indices français ? (Réponse page 62).

20) Quelle est la finalité d'un contrat à terme sur indice ? (Réponse page 72).

21) Quelles sont les caractéristiques du contrat à terme CAC 40 ? (Réponse page 74).

22) Quelle est la relation prix du contrat à terme et valeur au comptant de l'indice CAC 40 ? (Réponse page 76).

23) Quelle est la signification de la cotation suivante :

Échéance	Premier	Plus haut	Plus bas	Dernier	Compensation	Volume
Août 1995	1 983	1 987	1 963	1 967,5	1 967,5	13 285
Sept 1995	1 991	1 997,5	1 974	1 978,5	1 977,5	1 596
Oct 1995	2 000,5	2 000,5	2 000,5	2 000,5	1 987	1

(Réponse page 78).

24) Quels sont les principaux contrats à terme sur indice ? (Réponse page 79).

25) Quelle est la finalité d'une option sur indice ? (Réponse page 79).

26) Que signifie la cotation sur indice CAC 40 longue, suivante :

Intitulé	Volume séance	+ haut séance	+ bas	Clôture	Compens
Call 95 Sept 1900	3 060	120	115	120	119
Call 95 Sept 2050	5 140	51	44	46	46,5
Call 95 Sept 2200	610	14,8	11,5	12	12,85
Call 95 Sept 2350	1 007	2,79	2,1	2,1	2,5
Put 95 Sept 1600	2 038	4,8	3,8	3,8	3,75
Put 95 Sept 1750	600	17	13,5	16,3	15,95
Put 95 Sept 1900	1 627	54	47	54	51,85
Put 95 Sept 2050	3 061	129	120	129	125,25
CAC 40		**1969,17**	**1 954,19**	**1 960,80**	

(Réponse page 88).

27) Où trouve-t-on les principaux contrats d'options sur indice ? (Réponse page 84).

28) Décrire le mécanisme d'un swap d'indice. (Réponse page 92).

29) Qui sont les intervenants sur un marché de gré à gré de swap ? (Réponse page 93).

TABLE DES MATIÈRES

Réalisé en P.A.O. par STDI - Zone artisanale - 53110 Lassay-les-Chateaux

Imprimé en France. - JOUVE, 18, rue Saint-Denis, 75001 PARIS N° 236018S. - Dépôt légal : Mai 1996